中学校新学習指導要領のカリキュラム・マネジメントシリーズ

スキルコードで深める中学校国語科の授業モデル

［編著］
富谷 利光

［著］
秀明中学校・高等学校
秀明大学学校教師学部附属
秀明八千代中学校・高等学校

G 学事出版

推薦のことば

清原 洋一
秀明大学学校教師学部教授
前文部科学省初等中等教育局主任視学官

　社会はめまぐるしく変化し、複雑で予測困難な時代となってきている。そのような中、一人ひとりの可能性をより一層伸ばし、新しい時代を生きる上で必要な資質・能力を確実に育んでいくことを目指し、学習指導要領の改訂が行われた。

　育成すべき資質・能力については、「知識及び技能」「思考力，判断力，表現力等」「学びに向かう力，人間性等」の三つの柱で整理している。そして、これらの資質・能力が着実に育成されるよう、「主体的・対話的で深い学び」の実現に向けた授業改善を推奨している。「単元や題材など内容や時間のまとまりを見通しながら，生徒の主体的・対話的で深い学びの実現に向けた授業改善を行うこと」と学習指導要領に示されているように、教育実践においては、ある程度まとまった内容や時間を見通して、いかに授業を具体的に設計し実践していくかが鍵となる。しかも、「カリキュラム・マネジメント」が強調されているように、各学校においては、学校全体で教育課程を軸に学校教育の改善・充実の取組を進めていくことが大切となる。

　そのような中、秀明学園の実践研究をもとに『スキルコードで深める中学校の授業モデル（全5巻）』が出版されることとなった。この本は、教師が指導計画や指導案を作成し、授業を実践していく際、資質・能力を育成する授業の流れを可視化し、より確かなものにしていこうとする取組をまとめたものである。授業を設計していく際には、「何（単元や題材などの内容）」を、「どのように」学び、「何ができるようになるか（育成を目指す資質・能力）」といった具体的な指導や支援の一連の流れをイメージすることが大切である。本書においては、ブルームらが提唱した教育分類学（改訂版タキソノミー、2001年）に基づいて制作した『スキルコード』の活用を提案している。育成する資質・能力を、ブルーム・タキソノミーの認知過程と対応させることにより、資質・能力およびそこに至る学習過程を俯瞰的にみることが可能になってくる。このような過程を踏みながら検討することにより、1時間の授業ということに留まらず、単元や題材など内容や時間のまとまりの中で、ある意味戦略的に授業を設計して実践し、さらに、授業実践を振り返り、改善・充実につなげていくことが期待される。

　本書は、教師の教育実践の参考となるだけでなく、これから教師となることを志望する学生にとっても意味のあるものである。是非、本書を参考に教育実践を行い、教育の改善・充実の取組がさらに進んでいくことを期待したい。

はじめに

シリーズ監修者　富谷 利光

秀明大学学校教師学部教授
秀明大学学校教師学部附属
秀明八千代中学校・高等学校校長

◆資質・能力の育成

　21世紀もすでに5分の1を経ようとしており、世の中の変化は加速度的に増しています。そのような時代の中で、子供たちには未知の状況に対応できる力を身に付けさせることが強く求められております。コンテンツベースから、コンピテンシーベースへの転換です。新学習指導要領もこの方向で整理されていますが、アクティブラーニングの推奨とも相まって、いわゆる「活動あって学びなし」の懸念も再燃しています。現場には、確かな資質・能力を育成する道しるべが必要です。

◆資質・能力の可視化

　秀明大学では、教師教育の必要性から、資質・能力を育成する授業の流れを可視化するための「発問コード」を国語専修で開発しました。学生たちは、指導案の作成や授業実習において、個別の知識についての一問一答を繰り返す傾向にあります。そのような学生たちを「主体的・対話的で深い学び」の指導者に育てるためには、授業の流れを可視化し、授業改善のための意見や指導コメントを一般化する用語体系（コード）が必要でした。「教育目標の分類学（ブルーム・タキソノミー）」等を参考にした発問コードにより、学生たちは一問一答を超える見通しを持って学修に励んでいます。

◆21世紀に求められる知識

　新学習指導要領では、「生きて働く『知識・技能』の習得」が、資質・能力の三つの柱の第一に示されています。ブルーム・タキソノミー改訂版では、知識について【事実的知識（知っている・できる）】【概念的知識（わかる）】【遂行的知識（使える）】のレベルが示されており、「生きて働く『知識・技能』の習得」は、「事実的知識を、概念的知識・遂行的知識にする」と言い換えることができます。秀明学園では、「経験を通して、知識を知恵にする」ことを創立以来実践してきました。個別の知識が概念化され、教科の本質に関わる知恵として備われば、未知の状況にも応用できるようになります。そのためには、実経験が大切だという考え方です。これを発問コードのフレームで可視化して「スキルコード」とし、系

列中学校・高等学校で資質・能力育成の道しるべとしています。

◆ PDCAサイクル

本学園でも、資質・能力育成への転換は緒に就いたばかりです。定期的に研修授業を行って実践を振り返り、授業改善に取り組んでおり、その際に「スキルコード」が良き道しるべとなっています。本書に収めた実践は教科書の学習を基本としており、決して目新しい方法を提案するものではありませんが、PDCAサイクルを紙上で再現していますので、資質・能力育成への転換の事例として参考になれば幸いです。

◆スキルコードについて

表1　スキルコード

知識レベル		知識及び技能	思考力, 判断力, 表現力等	学びに向かう力, 人間性等	
		習　得	活　用	探　究	
		基礎力 Kスキル	実践力 Pスキル	探究力 Rスキル	
		対象世界（教科書の内容）		自分軸・他者軸	
教科学習	【事実的知識】 知識の獲得と定着 知っている できる	**K1** 知識を獲得する 確認する 定着させる	**P1** 別の場面で 知識を獲得する 確認する 定着させる	**R1** 自分や世の中について 課題を発見する	知識
	【概念的知識】 知識の意味理解と 洗練 わかる	**K2** 意味内容を理解する 確認する 定着させる	**P2** 別の場面で 意味内容を理解する 確認する 定着させる	**R2** 新たな知恵を 獲得・創出する	知恵
	【遂行的知識】 知識の有意味な 使用と創造 使える	**K3** 知識を使うことで 知識の意味を理解する	**P3** 別の場面で 知識を使うことで 知識の意味を理解する	**R3** 知恵によって 自分や世界を変える	実経験
総合・特活	メタ認知的 知識	**K4** 自分や世界の現状を 理解する	**P4** 自分や世界の現状を 考える	**R4** 自分や世界を変える 方略を身に付ける	
教育の目標分類		知識・理解	分析・応用	評価・創造	

【横軸】（K、P、R＝認知過程の高まりを示す）

○横軸には、新学習指導要領の資質・能力の三つの柱を置きました。ただし、「知識及び技能」と「思考力、判断力、表現力等」については、学校教育法第30条第2項において、「思考力、判断力、表現力等」は「知識及び技能」を活用して課題を解決するために必要

はじめに　5

な力であると規定されていることから、両者は不可分のものと捉え、境界を点線としています。

○学びの過程では、それぞれ「習得」「活用」「探究」に相当するものとしています。ただし、「学びに向かう力、人間性」は「探究」よりも広いものだと思われますが、探究の方向性を、「自己や社会、世界を望ましい方向へ変えていく」というベクトルにすることで、「学びに向かう力、人間性」を望ましい方向へ向けることができると考えられます。特に、「豊かな創造性を備え持続可能な社会の創り手となること」（総則第1の3）のためには、探究の過程にSDGs（国連が定めた「持続可能な開発目標」）を関連付けることが効果的です。

○横軸の資質・能力を、秀明学園では「基礎力（Kスキル）」「実践力（Pスキル）」「探究力（Rスキル）」と呼称しています。Kは knowledge、Pは practical、Rは research の頭文字です。なお、Rスキルは、当初は探究の方向性を具体的に示す目的で、Gスキル（国際力）とTスキル（伝統力）に細分していましたが（『中学校各教科の「見方・考え方」を鍛える授業プログラム』学事出版、2018年）、教科学習で汎用的に用いるために統合をしました。

○「教育目標の分類学（ブルーム・タキソノミー）」の改訂版[1]における認知過程の6分類では、「知識・理解」「分析・応用」「評価・創造」というように、それぞれ2つずつが概ね相当すると考えています。

【縦軸】（1、2、3＝知識の深まりを示す）

○縦軸は、「ブルーム・タキソノミー改訂版」の知識レベルに基づき、知識の深まりを視覚的に表すため天地逆にし、次の表2のようにK1・K2・K3としています。

表2　知識の深まりについて

スキルコード	ブルーム・タキソノミー改訂版	中学校学習指導要領（平成29年告示）解説 総則編	秀明学園
K1	事実的知識（知っている・できる）[2]	個別の知識	知識
K2	概念的知識（わかる）	生きて働く概念	知恵
K3	遂行的知識（使える）	新たな学習過程を経験することを通して更新されていく知識	実経験

○新学習指導要領においては、「知識の理解の質を高めること」が重視されており、「教科の特質に応じた学習過程を通して、知識が個別の感じ方や考え方等に応じ、<u>生きて働く概念</u>として習得されることや、<u>新たな学習過程を経験することを通して更新されていくこと</u>が重要となる」と、『中学校学習指導要領（平成29年告示）解説 総則編』で示されています（第3章 教育課程の編成及び実施、第1節3 育成を目指す資質・能力。下線部は筆者）。

○スキルコードでは、「個別の知識」をK1、「生きて働く概念」をK2、「新たな学習過程の経験を通して更新される知識」をK3としています。K3はK2を強化するものという位置付けで、スキルコードはK2の育成を中核に据えています。秀明学園では、「**知恵＝知識＋実経験**」を教育活動の基本方針としており、「生きて働く概念」を「**知恵**」と呼んでいます。

○深い学びとは、知識の面では次のように考えられます。

　①個別の知識を概念化して、生きて働く「知恵」にすること。（K1→ K2）

　②新たな学習過程での経験を通して、「知恵を確かなものに更新する」こと。

$$（K2→ K3（→ K2））$$

○「ブルーム・タキソノミー改訂版」では、「概念的知識を高次の認知過程を経て深く理解することが、『不活性の知識』の問題（学校で学んだことが日常生活で活かせない事態）を解決する上で有効である」[3]と指摘されているそうです。つまり、上記の②の過程（K2→ K3→ K2）あるいは横軸へ広がる過程（K2→ P2→ K2など）を通して、概念的知識＝知恵を深めていくことが、日常生活で活かせる「真正の学び」になり、スキルコードはその道しるべとなるのです。

○4番目の「メタ認知的知識」については、総合的な学習の時間や特別活動で育成するという位置付けにしています。

〈参考資料〉

1）中西千春「ブルームのタキソノミー改訂版『認知プロセス領域の分類』を活用するために」『国立音楽大学研究紀要』第50集、2016年

2）石井英真『今求められる学力と学びとは―コンピテンシー・ベースのカリキュラムの光と影―』日本標準ブックレット、2015年

3）石井英真「『改訂版タキソノミー』によるブルーム・タキソノミーの再構築―知識と認知過程の二次元構成の検討を中心に―」『教育方法学研究』第28巻、2002年

◆学習ロードマップ

このスキルコードをもとに、学習過程を「学習ロードマップ」として可視化しました。

K1	P1	R1
K2	P2	R2
K3	P3	R3

このマップを用いて、本書では学習過程をたとえば次のように示しています。

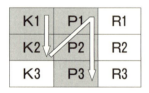

◇ K1→ P1→ P2→ K2
個別の知識・技能を未知の状況に当てはめ、分析・解釈することを通して法則を見出し、概念化する。

上記が概念的知識獲得の典型例ですが、次のように、知識を使う経験を通して概念は強化され、定着していきます。

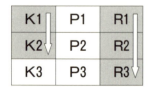

◇ K1→ K2→ K3
個別の知識を法則化（概念化）し、その法則（概念）を使うことで法則（概念）の理解を確かなものにする（知識の意味を理解する）。

◇ K1→ K2→ P1→ P2→ P3
個別の知識を法則化（概念化）し、未知の別の場面に当てはめて使うことで法則（概念）の理解を確かなものにする（知識の意味を理解する）。

◇ K1→ K2→ R1→ R2→ R3
個別の知識を法則化（概念化）し、教科書の外の世界（自分自身のこと、世の中のこと）の課題を自ら発見してそれに合うように法則・概念を修正し、課題を解決する（実際にはRへ進む際にPを経由することになります）。

いずれの場合でも、**K2（概念的知識、知恵）を必ず通るようにする**ことで、「活動あって学びなし」を回避することができます。また、活動の振り返りの際にはK2に戻り、概念的知識、知恵を確かなものにするという見通しも立ちます。

スキルコードで深める中学校国語科の授業モデル もくじ

推薦のことば……………………………………………………………………3

はじめに……………………………………………………………………………4
　◇資質・能力の育成
　◇資質・能力の可視化
　◇21世紀に求められる知識
　◇PDCA サイクル
　◇スキルコードについて
　◇学習ロードマップ

第1部 国語科が目指す、これから求められる「資質・能力」の育成 13

Ⅰ 国語科の資質・能力………………………………………………………14

Ⅱ 国語科のスキルコード……………………………………………………14

Ⅲ 国語科の学習ロードマップ………………………………………………15

　(1) 文章の読み方を身に付ける【方法知】
　(2) 文章の内容を概念化する（ものの見方・考え方を学ぶ）【内容知】
　(3) 文章の読み方や、ものの見方・考え方を自ら実践する【方略知】

Ⅳ 国語科の「知恵」…………………………………………………………16

Ⅴ 「知恵」の体系……………………………………………………………17

◆ スキルコードによる国語科の授業づくり………………………………22
　－俳句を題材にして－

第2部 スキルコードで深める国語科の授業モデル 25

感性・情緒

1 表現の技法を捉えて音読・朗読をする力 …………26
（単元：詩「野原はうたう」工藤直子）

2 表現技法の効果を捉えて言葉の感性を磨く力 …30
（単元：詩「見えないだけ」牟礼慶子）

3 文語とリズムから生まれる詩情を味わう力 ……34
（単元：詩歌「初恋」島崎藤村）

4 構成から心情を捉える力 …………38
（単元：小説「星の花が降るころに」安東みきえ）

5 語り手の役割を意識する力 …………42
（単元：小説「少年の日の思い出」ヘルマン・ヘッセ）

6 言動から人物像を捉える力 …………46
（単元：随筆「字のない葉書」向田邦子）

7 人物像の変化を捉える力 …………50
（単元：小説「走れメロス」太宰治）

8 主題を捉え、現代の問題へと発展して考える力 …54
（単元：小説「高瀬舟」森鷗外）

9 設定の変化を捉え、人と人との関わりについて読み深める力 …………58
（単元：小説「故郷」魯迅）

伝統的な言語文化

10 先人の言葉遣いから、古典に親しむ力……62
（単元：古文「竹取物語」）

11 訓読を通して、古典から知恵を得る力……66
（単元：漢文「故事成語」）

12 古人のものの見方・感じ方を捉える力……70
（単元：古文「枕草子（春はあけぼの）」清少納言）

13 情景を想像し、古人の心情をとらえる力……74
（単元：漢詩「漢詩の風景」石川忠久）

**14 歴史的背景を踏まえ、古人の生き方を
受け継ぐ力**……78
（単元：古文「おくのほそ道」松尾芭蕉）

**15 訓読のよさを知り、先人の知恵や
生き方を学ぶ力**……82
（単元：漢文「論語」孔子）

論理的
思考

16 接続語と文末表現に着目して、段落相互の関係を捉える力⋯⋯⋯86
（単元：説明的文章「ダイコンは大きな根？」稲垣栄洋）

17 問題提起を捉え、要約をする力⋯⋯⋯90
（単元：説明的文章「幻の魚は生きていた」中坊徹次）

18 意見と根拠、具体と抽象を捉える力⋯⋯⋯94
（単元：説明的文章「生物が記録する科学」佐藤克文）

19 メディアの特徴を理解し、情報を吟味する力⋯98
（単元：説明的文章「メディアと上手に付き合うために」
池上彰）

20 図を使って科学的に説明する力⋯⋯⋯102
（単元：説明的文章「月の起源を探る」小久保英一郎）

21 批評する力⋯⋯⋯106
（単元：説明的文章「『批評』の言葉をためる」竹田青嗣）

［論理的思考］・［感性・情緒］

22 言葉によって、よりよく生きる力⋯⋯⋯110
（単元：「新聞を読んで考える」）

おわりに⋯⋯⋯114

執筆者一覧⋯⋯⋯115

第 **1** 部

国語科が目指す、これから求められる「資質・能力」の育成

Ⅰ 国語科の資質・能力

国語科の資質・能力は、非常に曖昧である。

学習指導要領に指導内容は示されているものの、国語科の学習の中心である「読むこと」については、教科書の教材文を通して学ぶという性質上、「教科書を学ぶ」という状態に生徒も教師も止まりがちである。つまり教科書教材の内容を学ぶことが中心となり、そのままでは汎用的な資質・能力を身に付けることには至らない。定期考査でも、授業で学習した教材文を提示し、学習した内容を問うたり、問い方を変えたりすることが通例であるが、それは記憶の評価であり、国語科の資質・能力を評価したことにはならない。

このような授業を受けてきた学生は、授業を構想する際に教材文の確認となぞりに止まってしまう。おそらく、初任教員も同様であろう。

生徒に国語の力を付けたいと願う教師は、「教科書で学ぶ」ことを目指して実践を重ねてきた。そして、様々な国語科教育研究団体によって理論と実践の蓄積がなされてきた。しかし、学習指導要領にはその公約数的要素のみが収められ、具体的な指導内容は教科書、教師に委ねられてきた。今回の改訂により資質・能力の育成に整理をされたが、具体的にどのような資質・能力を系統的に指導していくかという点では、まだ整理の途上であると思われる。

そこで、学生達が資質・能力育成レベルでの授業を構想しやすいように、コードを開発した。しかし、国語科で学ぶ国語学力が明確でない現状から、国語科の資質・能力をどのようにコードへ落とし込むかが非常に難しい課題であった。特に、「教科書で学ぶ」汎用的な言語能力と、その教材文を通して学ぶ「ものの見方・考え方」とが混在していることをどう整理するかに苦慮をした。

Ⅱ 国語科のスキルコード

スキルコードにおいては、上記のような現状を反映させて、「教科書を学ぶ」ことをK、「教科書で学ぶ」ことをPと位置付けることとする。具体的には、たとえば説明的文章を読みながら、説明されている内容を理解するのがKであり、文章の読み方を実践的に学ぶのがPであるとする。

そこで、新学習指導要領で求められる次の資質・能力を育成することを念頭に、国語科の資質・能力をスキルコードで示すこととする。

---

(1) 社会生活に必要な国語について、その特質を理解し適切に使うことができるようにする。

(2) 社会生活における人との関わりの中で伝え合う力を高め、思考力や想像力を養う。

(3) 言葉がもつ価値を認識するとともに、言語感覚を豊かにし、我が国の言語文化に関わり、国語を尊重してその能力の向上を図る態度を養う。

資質・能力の整理—国語科におけるスキルコード

	基礎力 Kスキル	実践力 Pスキル	探究力 Rスキル
	教科書・教材		教科書の外（実の場）
知識	**K1** 【内容知】 文章の内容を理解する 【方法知】 文章の読み方を知る	**P1** 文章の読み方を実践する	**R1** 自分や世の中について 課題を発見する
知恵	**K2** 文章の内容から知恵を得る （ものの見方・考え方） 文章の読み方を知恵として 言葉で身に付ける	**P2** 文章の読み方を実践し 文章の仕組を理解する	**R2** 新たな知恵を 獲得・創出する
実経験	**K3** 別の場面で ものの見方・考え方を使う	**P3** 別の場面で 文章の読み方を実践し 文章の書き方に使う	**R3** 知恵によって 自分や世の中について 表現をする

Ⅲ 国語科の学習ロードマップ

国語科の典型的な学習過程を、学習ロードマップで可視化してみる。

(1) 文章の読み方を身に付ける【方法知】

K1	P1	R1
K2	P2	R2
K3	P3	R3

◇ K1→ P1→ P2→ K2→ P3

K1：文章を読む観点を**学習用語**として知る。

P1：観点を文章に当てはめる。

P2：文章の仕組みを**学習用語**で理解する。

K2：文章の読み方を知恵として言葉で身に付ける。

P3：別の文章で読み方の知恵を実践する。

学んだ文章の仕組みを用いて文章を書く。

これは、個別の知識・技能を教材文に当てはめ、分析・解釈することを通して文章の仕組みの法則を見出し、概念化するという過程である。

(2) 文章の内容を概念化する（ものの見方・考え方を学ぶ）【内容知】

K1	P1	R1
K2	P2	R2
K3	P3	R3

◇ K1→ K2→ K3

K1：文章の内容を理解する。

K2：文章の内容から知恵を得る。

K3：別の場面に知恵を当てはめる。

これは、教材文の内容を理解した後、そこに表れているものの見方・考え方を概念化して知恵とし、別の場面に当てはめる経験を通して、ものの見方・考え方を確かなものにするという過程である。K3は、「書く」あるいは「話す」活動を通して行われる。

(3) 文章の読み方や、ものの見方・考え方を自ら実践する【方略知】

K1	P1	R1
K2	P2	R2
K3	P3	R3

◇ R1→ R2→ R3

〔①文章の読み方＝方法知の実践〕

R1：どの観点を用いればよいのかを考える。

R2：観点を文章に当てはめる。

R3：読み取った内容をまとめて、観点を確認する。

〔②ものの見方・考え方＝内容知の実践〕

R1：ものの見方・考え方が共通の文章を探す。

R2：ものの見方・考え方を捉える。

R3：自分のものの見方・考え方に生かす。

Ⅳ 国語科の「知恵」

先述したように、国語科の資質・能力は曖昧である。

スキルコードに落とし込んでみても、体系が見えてこない。

そこで、生徒と教員が共有できるようなわかりやすい形で、国語科の資質・能力を提案する。

それが、「国語科の知恵」である。

学習指導要領に沿った資質・能力を、わかりやすい言葉で「知恵」として表現をした。これらを一覧すると、中学校でどのような力を、どのように身に付けていくのかがよくわかるだろう。

まず、大枠として、〔感性・情緒〕と〔論理的思考〕を挙げる。

文化審議会答申『これからの時代に求められる国語力について』（平成16年）に次のようにある。

　　　今後の国際化社会の中では，論理的思考力（考える力）が重要であり，自分の考えや意見を論理的に述べて問題を解決していく力が求められる。しかし，論理的な思考を適切に展開していくときに，その基盤として大きくかかわるのは，その人の情緒力であると考えられる。したがって，論理的思考力を育成するだけでは十分でなく，情緒力の育成も同時に考えていくことが必要である。

また、同答申では、「情緒力・想像力」と「論理的思考力」の重点の置き方を次の図のように示している。

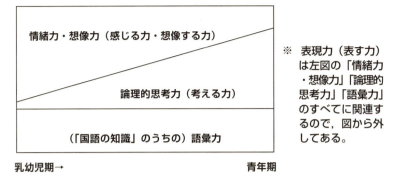

図　発達段階に応じた「国語教育における重点の置き方」のイメージ図

　そこで、本書では中央教育審議会答申『幼稚園、小学校、中学校、高等学校及び特別支援学校の学習指導要領等の改善及び必要な方策等について』（平成28年）別添資料「国語科において育成を目指す資質・能力の整理」に示されている「論理的思考」「感性・情緒」を、発達段階に従って〔感性・情緒〕〔論理的思考〕の順で配列することとする。

V「知恵」の体系

　第2部・授業モデルの概説をしながら、国語科の知恵の体系を示そう。
　授業モデルは、光村図書『国語1』『国語2』『国語3』の教材文を用いて、「読むこと」の授業を中心に、知恵の体系が見えるように配列した。各モデルには、「話すこと・聞くこと」「書くこと」の活動が適宜内包されている。新学習指導要領では、「言語活動を通して」資質・能力を育成するとされたが、言語活動では「読む・書く・話す・聞く」といった言語行動が複合的に行われる。そのため、評価の観点を言語行動の一領域に絞ることには無理があり、現場の混乱を招いているが、「思考・判断・表現」としてまとめられる契機であった今次の改訂にあっても、依然として一領域を示すこととされたのは大変残念である。そこで本書では、言語行動の領域を超えた知恵の体系づくりを、「読むこと」を中心として目指した。それが現場の実態に即しているからである。
　一方、各モデルは発問で導く指導過程となっており、「言語活動を通して」という点では物足りなさが感じられるかもしれない。これは、実践校の授業が未だ発問中心であり、生徒主体の学習への移行段階にあるためである。しかし、活動を中心に生徒主体の学習を展開することには、「活動あって学びなし」に陥る危険性があり、学生の学習指導案によく見られる傾向である。そこで、コードを添えた発問を示すことによって、学習活動の展開がよく見えるようにした。発問の文末を変えれば学習活動になるので、言語活動を通して同様の学習活動を行うようにすれば、資質・能力を確実に育てることができる。
　なお、知恵の示し方は、知識の用語をそのまま使うことが基本であるが、できる限り知識をさらに具体化して、生徒にも分かりやすく示すようにした。

〔感性・情緒〕

《詩歌》

① 1年「**表現の技法を意識して音読・朗読をすると、思いを伝えることができる**」

　　詩の**音読**と**朗読**、創作という経験によって、**表現の技法**を「知恵化」する実践である。音読（K1）から始まり、表現に着目して読み深め（P1・P2）、表現の技法を概念化（K2）した後、朗読（K3）を通してK2を強化し、さらに創作・音読（P3）をしてK2を再度確認する。小学校で身に付けてきた〔感性・情緒〕を、表現の技法を意識することで高め、中学校での学びに円滑につなげることが期待できる。音読を楽しむこの実践は、詩に限らず、国語学習の基礎作りという点で意義が大きい。

② 2年「**ささやかな言葉遣いの重みを通して、作品と対話をすることができる**」

　　詩の言葉の一語一語を丁寧に読み味わうことを通して**表現技法の効果**を学ぶ。そして、作者の他の詩と比較（P1・P2）をする学習活動により、言葉の細部に詩の主題を読み取るというK2に至り、言葉の価値に気付かせる。さらに、自分の思いと重ねて、互いに考えを交流（K3）する経験によりK2が強化される。こうしたささやかな言葉遣いに注目をする経験が、**言葉の感性を磨く**ことにつながる好例である。

③ 3年「**言葉遣いとリズムを意識して朗読をすることでイメージが立ち現れ、先人と対話をすることができる**」

　　文語定型詩を読み味わう実践である。**文語の言葉遣い**に古典の学習を通して少しずつ慣れてきた3年生ではあるが、文語への抵抗感は根強いものである。そこで、音読（K1）を通して**七五調のリズム**に気付き、一連ごとに物語のように心情の変化を想像する（P1・P2）ことで文語の壁を越える。そのような過程を経て「初恋」というロマンチックな**詩情**を想像（K2）して朗読（K3）することにより、作者の思いを感じ取り、自分の思いを表現することで作者と対話をするという、詩を味わう王道の授業である。

《文学的文章》

④ 1年「**型に沿って読むと、言葉の仕掛けから主人公の気持ちが見えてくる**」

　　文学的文章の学習の基礎として、典型的な場面構成の型である「起承転結」すなわち「**導入・展開・やま場・結末**」の4場面構成の型（K1）を学ぶ。**対役**によって主人公の心情や考えが変わることを押さえて**主題**を捉え（P2）、導入の部と結末の部での言葉の仕掛けを発見（P2）し、題名に即して各場面の構成をまとめることで、型に沿って読み深めをするK2を身に付けさせる。

⑤ 1年「**語り手は、登場人物の気持ちを読者に伝える役割をしている**」

　　文学研究では、語り手に注目することが新たな読みの可能性を開いている。こうした「文学の見方・考え方」を身に付けることが、文学を読む力を育て、文学への興味・関心を成熟したものにしていく。この実践では、「**語り手**」に着目することで新たな発見（P1・P2）をしていく過程を通して、文学作品における語り手の役割をK2として学ぶ。そして、**視点を変えて作品を書き換える**（P3）経験は、小説家になったような高揚感を学習者に与えることだろう。それは、「相手の立場に立って考える」という経験にも

なり、発達段階上、生活指導面でも大きな意義を持つ。

⑥２年「言葉と行動に、人柄が表れる」

　　文学作品を読む際に、**人物像**を的確に想像する力は重要である。その**根拠**となるのは登場人物の**言葉**と行動であり、小学校から繰り返し学んできたことである。この実践では、人物像の表れ方を整理して概念化する。これをK1・K2と直線的な流れで行えるのは、随筆だからこそである。さらに、筆者の他の作品から同一人物の人物像を捉えるという、焦点化された重ね読み（P2）の経験を通してK2が強化される。人物像のイメージは、学習者個々の既有モデルに左右されるので、各自の考えを交流（K3）する活動は、K2の強化に効果的である。

⑦２年「小説の主題は、人物像の変化から捉える」

　　登場人物の心情の変化を捉えて作品を読み深めることは、物語や小説の中心的な学習事項であり、これも小学校から繰り返し学んできたことである。この実践では、捉える変化を心情から人物像へと止揚させる。教材の特質から、主人公だけでなく、主人公に対峙する人物の言動の変化（K1）を押さえて、両者の**人物像の変化**（K2）を捉えた後、変化の理由（P2）を考えることを通して、**主題**を捉えるK3に至る。単純明快なストーリーの中に、分かりやすく共感しやすい主題を味わうことも小説を読む楽しさではあるが、授業を通して主題について考えを深める、あるいは主題を発見するというスリリングなK3の経験は、小説を読む楽しさを加速させる。

⑧３年「**文学には、現代につながる人間や社会の問題が込められている**」

　　主題を捉えたその先は、自己や人間、社会の問題として考えを深めさせたい。小説の場面設定が生徒たちの日常生活とはかけ離れた時代であっても、優れた作品はそこから現代の問題を切り出す（R1）ことができる。登場人物に寄り添いながら読み進めた後ならば、R1→R2→R3という探究の過程を自然な流れで学び進めることができるだろう。

⑨３年「**文学から、生きる力を学ぶ**」

　　２年次の⑦で、人物像の変化から小説の主題を捉える資質・能力を身に付けた。本単元では、**人物像の変化**から**時代や社会の変化**を捉え、その変化が負の方向であっても、**人と人との関わり**の中で自己についての大切な気付きを得る過程を追体験する。特に、１年次の⑤で身に付けた「語り手」の役割への注目が、表面的になりがちなこの作品の結末部の理解を深いものとしている。この学びは、文学が自己や他者、人間、社会への理解と思索とを促すこと、すなわち「生きるための教養」を高めることを感得させ、高等学校でのさらに高次の学びへとつながるものである。

《古典》

⑩１年「**古典には、先人の言葉へのまなざし、楽しみが詰まっている**」

　　中学校での古典との出会いを、楽しく演出する実践である。古典はレトリックの宝庫であり、先人の言葉へのまなざしから**言葉の持つ価値**を感じ取ることができる。この単元では、物語に仕掛けられた様々なレトリックを発見（P2）し、物語の言葉に込めら

れた先人の言葉へのまなざし、遊び心を理解するK2を育て、古典への興味・関心を大いに高めたい。

⑪１年「**古代からの知恵が、現代に生きる言葉の中に記憶されている**」

　　小学校３・４年生で学んだ故事成語を、**漢文**として学び直す単元である。教材文の「矛盾」に代表される**故事成語**は、「矛」「盾」といった目に見える具体的な事物によって、教訓話やそこから得られる**知恵**を強く印象付ける。これもまた先人の知恵である。漢文を訓読した祖先の知恵を理解し、故事成語の知恵を学ぶ（K2）、故事成語辞典を作る（K3）という学習過程から、漢文を学ぶ意義を実感させる。そして、他の故事成語について調べてまとめる（R2・R3）ことも、故事成語の価値を知るというK2を強化することに大いに役に立つ。

⑫２年「**古典の言葉には、いにしえからのものの見方・感じ方が宿っている**」

　　古文の優れた随筆作品から、**古典の言葉遣いとリズム感**（K1）を通して、古代からのものの見方・感じ方（K2）、すなわち伝統的な感性・情緒を捉える。それをもとにして現代版の随想を創作し、現代的な感性・情緒と比較する経験（P3）によって、古代からの見方・感じ方をK2として確かなものにすることができる。

⑬２年「**漢詩の構成と心情表現の仕方が、今に伝え継がれている**」

　　「**起承転結**」が漢詩由来であることを知り、**自然**と対照させて**心情**を表現するという「文学の見方・考え方」も漢詩に源流があることを学ぶ。このようにして、当時の文化先進国である中国から言語文化を受け入れて、独自の言語文化を築いてきた先人の言語感覚について、漢詩を和訳する（P3）ことで理解しようとする試みは、国語では得がたい「できた」という達成感をも生徒に与える実践である。

⑭３年「**時代や国を超えた先人への思いが、文学となって受け継がれる**」

　　先人への憧れや強い思いが旅へと駆り立て、その地で**先人と対話**をする。文学や芸術を愛好する現代人にも共通のことである。句に込められた作者の思いを、**歴史的背景**を踏まえて、**句の言葉と文章の表現**から想像をする（P2）という教科横断的な学びは、古典学習の総まとめにふさわしい。そのようにして作者の人生観を理解し（K2）、さらに、捉えた詩情を付句として表現する（P3）活動は、対話の文学である俳諧を現代に継承する意義がある。

⑮３年「**漢文には、己を正す強い力がある**」

　　漢文に表現された思想や知恵は、漢語の堅固な語感と、漢文の端的で力強い響きによって現代人にも強烈に迫ってくる。これが**訓読のよさ**（K2）であり、漢文を学ぶ意義である。多くの漢文に自ら触れ、好きな漢文を選んで暗唱したり（R1）、自分なりに解釈をして（R2）、**先人の知恵や生き方を座右の銘にする**（R3）という活動は、将来にわたって漢文に親しみ、言語生活に活かす態度を養うことだろう。

〔論理的思考〕

⑯１年「**文の最後と、段落の最初に注目しよう**」

　　問いと答えを中心とした**段落の役割、接続語、文末表現**（K1）に着目して読むと、

筆者が強調をしたい部分が見えてくるという、説明的文章についての基礎的な知恵を固める。また、身の周りのことに疑問を持つ態度を身に付けさせ、中学校での教科横断的な探究活動の基本的な姿勢も養いたい。

⑰１年「**文章の型に沿って中心文を捉えれば、言いたいことがつかめる**」

文章の要旨を捉えて要約をする力を身に付ける。そのために、**序論・本論・結論**の三段構成の型（K1）を身に付ける。小学校では、はじめ・なか・おわりとして指導されてきた事項なので戸惑いはないだろう。三段それぞれの**中心文**を捉えて要約をする（P1・P2）というステップを知恵として身に付ける。さらに、自分で探した文章で要約をして（R1・R2・R3）、要約力を確かなものにする。

⑱２年「**科学の進め方を身に付ければ、文章の読み書きが論理的にできるようになる**」

論理的思考力を身に付けるためには、科学の思考方法を学ぶことが効果的である。教科横断的に探究学習を行う際には、国語科でレポートのまとめ方を学ぶのがカリキュラム・マネジメントの基本である。**抽象度**の意識、科学の進め方、文章の**構造図**について実践的に身に付け（K1→P1→P2→K2）、論理的な文章の読み書きの力を汎用的に高めることができる。

⑲２年「**メディアは全て編集されている**」

メディア・リテラシーも教科横断的な学習であるが、情報の扱いという点から、国語科が中心になるべきだと考えられる。メディア・リテラシーの基本概念は「メディアはすべて構成・編集されたものである」（K2）ということである。

⑳３年「**図を利用すると、説明が分かりやすくなる**」

２年生⑱で科学の進め方について学んだが、さらに図を活用する（P2）ことで複雑な内容を分かりやすく捉える（P3）経験をする。国語科ではなかなか得られない、「分かった」という達成感を味わうことのできる実践である。

㉑３年「**的確な言葉で批評をし合うと、言葉で人とつながり合える**」

「伝え合う力」を高めるためには、学習指導要領で示されている「話すこと・聞くこと」の最終目標である「合意形成」に向け、的確な言葉で本音の思いを交換し合うことが必要である。そうした「**批評**」ができるようになれば、「読むこと」の最終目標である「人間、社会、自然などについて、自分の意見を持つ」こともできるようになる。

〔論理的思考〕〔感性・情緒〕

㉒３年「**新聞は、知恵を磨く社会の窓である**」

「人間、社会、自然などについて自分の意見を持つ」ためには、新聞から最新の話題を得て考えることが効果的である。「話すこと・聞くこと」の言語活動例「互いの考えを生かしながら議論や討論をする活動」の素材となり、読書活動にもつながっていく。

［富谷利光］

スキルコードによる国語科の授業づくり
―俳句を題材にして―

秀明大学非常勤講師　飯田　良

1 国語科授業づくりの現状とスキルコードによる改善

(1)「活動あって学びなし」を K2 で改善する

　現行学習指導要領では「言語活動の充実」がキーワードとして示され、すべての教科において言語活動を意識した授業が実践されるようになり、話し合いや発表学習が数多く展開されている。しかし、どのような力が付いたのかということが明確でないために、「活動あって学びなし」と指摘される授業もある。それを改善するのがスキルコードであり、ロードマップで必ず K2 を通ることを意識すると「学び」への道筋がよく見えてくる。

(2)「深い学び」のための K2 の育成と活用

　資質・能力を育成するために、「主体的・対話的で深い学び」が求められている。以前は知識の暗記が求められ、学ぶことの喜びや有用感を実感できない K1 どまりの「知識注入型の授業」があった。また、「課題解決型の授業」でも、主体性に任せて、いきなり P3 や R3 の学習を行うような授業もある。それらを改善する「教えて考えさせる授業」が提案されている。基礎知識は教え、思考・表現を通して深い習得を図ろうという授業であり、スキルコードでは「K1 から K2 へ」、「K2 からその先へ」という流れに当てはまる。

(3)「国語科の特質」を見える化する「国語科の知恵」

　国語科の指導内容は系統的・段階的に上の学年につながり、反復的・螺旋的に繰り返しながら能力の定着を図る構造になっている。しかし、学習指導要領では、指導事項が学年別に並べられているだけで、前学年までの指導内容が積み上がっていくことが見えず、反復・螺旋のイメージを持ちにくい。そこで、国語学力の「知識」を深めて「生きて働く概念」（知恵）となるよう、「理解する、活用する、定着させる」ための K2 を、文の形に「見える化」した。その「知恵」を育成するための授業づくりの具体例を、次章で示す。

2 スキルコードを用いた発問と単元(授業)づくり―俳句を題材に―

(1) K1 から始める―俳句の基礎知識

　「五感を働かせると、俳句を深く味わうことができる」という知恵（K2）を身に付けさせることをねらいとし、必要な知識（K1）をまず教える。次のように俳句を例示して進める。

> 萬緑の中や吾子の歯生え初むる　（中村草田男）

①「季語」を捉える

K1：「季語」は俳句の世界を作り上げる大切な要素です。「季語」はどれでしょう。

季語は「萬緑」、季節は夏。俳句の季語と季節を確実に押さえる。

②「切れ字」で「感動の中心」を捉える

K1：俳句の最も基本的な技法の一つに「切れ字」があります。内容や意味を途中で切ったり句末に置いたりすることで余情を感じさせ、作者の感動を強調することができます。この句の「切れ字」はどの言葉で、感動の中心はどんなことでしょう。

「や」が「切れ字」で、萬緑の中であることが強調されている。草も木も深緑に覆われ見渡す限り一面の緑色である様子、生命力に満ちたこの季節への感動が伝わってくる。

③「五感」で読む

K1：五感（視覚、聴覚、触覚、味覚、嗅覚）を働かせて読むと情景の想像が広がります。それぞれの感覚を働かせて想像してみましょう。

視覚を働かせると、「萬緑」（草木の緑色）と「吾子の歯」（幼な子に生え始めた歯の白さ）の色の対比が目に浮かぶ。聴覚を働かせると、吾子の「笑い声」または「泣き声」が聞こえてきそうだ。触覚を働かせると、爽やかな風が吹いている等、五感を意識して俳句を読み深めると情景が豊かに感じられることを知識として教える。

(2) 他の俳句を鑑賞（P1,P2）し、知識を実践する

赤い椿白い椿と落ちにけり（河東碧梧桐）

①季語を捉える

P1：「季語」はどれで、季節はいつでしょう。

季語は「椿」、季節は「春」。

②「切れ字」で「感動の中心」を捉える

P2：「切れ字」から感動の中心を捉えましょう。

「けり」という「切れ字」が使われており、「落ちにけり」が感動の中心になる。口語で言うと「落ちたなあ」という思いである。木に咲いている椿の花ではなく、目の前に落ちてい

る、あるいは落ちてゆく椿の花を見た瞬間の感動が描かれている。

③「五感」で読む

> P2：五感を働かせて、情景を想像しましょう。

　視覚を働かせると、「赤い椿」と「白い椿」の鮮やかな色の対比が浮かぶ。聴覚を働かせると、静けさの中で花が丸ごと「ぽとり」と落ちた音が聞こえてきそうだ。

(3) 知識を活用することで深く味わい、K2の知恵にする

> K2：この俳句を読み深めるには、五感のどれが一番効果的でしょうか。

　読み深める一番効果的な視点が「視覚」か「聴覚」かで討論していくことで作品理解が深まっていく。「ぽとり」という音を聞いたことがきっかけで、椿が落ちた、落ちていると気づいたと捉えると、「落ちにけり」という事象が何かの予言であったり気づかせたい必然があったりしたという解釈が生まれてくる。なぜ「赤い椿」、「白い椿」という順番で落ちたのか、地面に落ちている「赤い椿」と「白い椿」はどんな状態であるのかといった視点が次々とわいてくる。そうすることで、「五感を働かせると、俳句を深く味わうことができる」という知恵（K2）が形成される。

(4) K2から、その先へ（活用、実経験）

①俳句を選び鑑賞文を書いて読み合い感想を交流する（P2→ P3）

　教科書や資料集等に掲載された俳句の中から気に入った句を選び、200字で鑑賞文を書いて読み合う。各自がなぜその俳句を選び、どの感覚に着目して読み深めたかを交流することでK2が強化される。

②付句をして情景を言語化する（P3）

　選んだ俳句（五七五）に付句（七七）をして情景を言語化し作品理解を深める。その際に、五感を意識して表現させることでK2が活用される。動きや音、香り等、感じ取った情報を加えることで感動をより具体的にイメージすることができる。

> 「赤い椿白い椿と落ちにけり　オセロのごとく陣地を競う」（視覚を働かせた例）
> 「赤い椿白い椿と落ちにけり　ぽとりぽとりと見る者を呼ぶ」（聴覚を働かせた例）

③実際に俳句を創作して句会をするなどして楽しむ（R2→ R3）

　行事（修学旅行等）と絡ませて意欲を高め、互いの作品を鑑賞し楽しむ。五感を駆使して俳句を作るよう指示をするとK2を知恵として活用することになる。また、鑑賞の際に五感のいずれが効果的に表現されているかを評価の観点にすることでK2が強化される。

第2部

スキルコードで
深める国語科の
授業モデル

育てる 資質・能力

〔感性・情緒〕
表現の技法を捉えて音読・朗読をする力

実施学年
1年

単元名▶詩：「野原はうたう」(工藤直子)

---

1 実践の概要……………………………………………………

(1) 資質・能力の概要

　国語科の学習において、音声の働きや仕組みについて理解をし、適切に音読・朗読する力は大変重要である。その国語科の基礎力を身に付けさせるためには、詩の音読・朗読が最適である。

　詩を適切に音読・朗読するためには、大きく分けて二つの力が必要となる。まずは、作品の言葉からイメージを膨らませ、作品に描かれた世界を受け止める力である。単なる文字情報に過ぎない詩の言葉を受け止める際には、個人によって多様な感性・情緒が立ち現れる。こうした感性は、他者の感性と触れ合うことによって磨かれていくものであろう。詩から感じ取った情景や思いを話し合い、意見を交流することで、見方や感じ方を広げさせたい。

　また、実際に音読・朗読をする際には、それぞれが受け止めた情景や思いを音声で再現する力が必要となる。感情を声にのせる力、声に表情をつける力である。この力を身に付ける際にも、他者の存在が重要になる。相手に声を届けることを意識して音読・朗読する力を身に付けることによって、今後の授業における「発表」や「スピーチ」の学習に結び付けたい。

　以上のような学習を通して、**「表現の技法を意識して音読・朗読をすると、思いを伝えることができる」**という「知恵」を身に付けさせたい。

(2) 単元目標

・表現の技法を捉え、適切に音読や朗読をして、音声の働きや仕組みについて理解を深めることができるようにする。　　　　　　　　　　　　　　　　　　　　　（知識・技能）

・作品に描かれた情景や思いを読み取り、それをふまえて効果的な表現を駆使して詩を創作し、工夫して音読できるようにする。　　　　　　　　　　　　　　（思考・判断・表現）

・語感や言葉の使い方に対する感覚を高め、身の回りのものごとに対する感性を磨く態度を養う。　　　　　　　　　　　　　　　　　　　　　（主体的に学習に取り組む態度）

(3) 学習ロードマップ

　　　　　　　　K1：しっかりとした声で音読をする。

　　　　　　　　P1：それぞれの詩に特徴的な表現を探す。

　　　　　　　　P2：詩の表現から、情景や思いを読み取る。

K1	P1	R1
K2	P2	R2
K3	P3	R3

K2：表現の技法とその効果を理解する。

K3：思いが伝わるように朗読する。

K2：効果的な表現・音読について確認する。

P3：テーマに沿った詩を創作し、音読発表する。

(4) 単元計画

第1時 音読や発表の際に大切なこと［①相手意識 ②声の大きさ ③気持ち］を確認し、詩をしっかりとした声で音読する。

第2時 教科書にある詩の中から一つを選び、その表現をもとに、作品に描かれた情景や思いについて意見を出し合う。また、音読する際の工夫についても話し合う。

第3時 第2時で話し合った成果を音読発表として披露する。情景や思いを効果的に伝える表現・音読について確認する。

第4時 第3時に確認した効果的な表現・音読を踏まえながら、テーマに沿った詩を創作する。作品を推敲し、次時に向けて音読発表の練習を行う。

第5時 創作した詩の音読発表会を行う。表現や音読の工夫について意見交流をする。

2 実践のポイント⋯⋯⋯⋯⋯⋯⋯⋯⋯⋯⋯⋯⋯⋯⋯⋯⋯⋯

　教材文は、「あしたこそ　たんぽぽはるか」などというように作者を自然の事物に設定して平易な言葉で表現された詩である。

　思いを効果的に伝える表現・音読を身に付けることが、本単元で目指す「知恵」である。そのために、まずは本単元に登場する表現の技法とその効果について、他作品にも応用できる資質・能力として概念化していくことが必要である。さらにこれを「知恵」として身に付けるためには、実際に言葉による創作と発表を経験することが有効であろう。そこで単元を通しての学習活動を、「野原の生き物になって思いを表現しよう」と設定し、最終的に創作した詩の音読発表会を行う。創作の際にふさわしい表現を考えること、発表の際に工夫して音読することを通して、思いを効果的に伝える表現を経験的に身に付けさせる。

　また、音読発表会をすることは、単に自作の詩を発表するという経験にとどまらず、他者が創作した詩の発表を聞き、他者の感性・情緒と出会う経験をすることでもある。自分にはない言葉の使い方や対象の捉え方などに触れることで自らの感性・情緒を磨き、他者を認める広い視野や態度を養うことにつなげていく。

3 本時の展開（第2〜3時）

(1) 特徴的な表現を確認する

> どのような表現が印象的でしたか。（P1）

〔感性・情緒〕表現の技法を捉えて音読・朗読をする力／詩：「野原はうたう」／実施学年1年

・「ひかりを　おでこに／くっつけて」「とんでいこう　どこまでも」（あしたこそ）

・「おれ」「～ぜ」「おう　なつだぜ」「おう　あついぜ」（おれはかまきり）

・「ゆうひが　くるくると／しずむところでした」（あきのひ）

・「わしの　しんぞうは／たくさんの／ことりたちである」（いのち）

(2) 詩の表現から、情景や思いを考える

「野原の生き物」のどのような気持ちが表れていますか。(P2)

・「明るい気持ち」「前向きな気持ち」「希望」「期待」（あしたこそ）

・「自信満々」「ナルシスト」（おれはかまきり）

・「さびしい気持ち」「人恋しい気持ち」（あきのひ）

・「ことりのことを大事にしている」（いのち）

(3) 効果的な音読について考える

どのように読むと、「野原の生き物」の思いがよく伝わりますか。(K2)

・「明るく」「元気に」「はきはきと」（あしたこそ）

・「力強く」「偉そうに」（おれはかまきり）

・「しみじみと」「静かに」（あきのひ）

・「おごそかに」「ゆっくり」「太い声で」（いのち）

(4) 音読を発表する

音読発表をしましょう。(K3)

声を届けることを意識して発表をする。

① これから発表を始めます。

② 音読する詩は、「あしたこそ」です。

③ 私は、この詩の前向きな気持ちを表現したいと思います。
　　作者がわくわくしている様子が伝わるとうれしいです。

④ では、読みます。（音読）

⑤ これで発表を終わります。

発表を聞き、感想・工夫点などをメモする。指名により、メモの内容を発表する。

(5) 効果的な表現について確認する

それぞれの詩の表現と、その効果をまとめましょう。(K2)

別の場面で応用できるように、表現とその効果を一般化してまとめる。

次の時間には、野原の生き物になりきって詩を創作することを予告する。どの季節の、何の生き物になりきって、どんな思いを、どんな言葉・技法で表現するかを考えておくように指示する。

（表現）	（技法）	（効果）
とんでいこう／どこまでも	倒置	強調する
おう なつだぜ→おう あついぜ	反復	強調する
くるくると／しずむところでした	擬態語	イメージしやすい
しんぞうは 〜 ことりたちである	比喩	イメージしやすい

4 授業改善の視点……………………………………………

本単元では、詩の創作と発表を経験することで、思いを効果的に伝える表現・音読を身に付けさせようとした。実際に生徒たちが創作した詩は、思いをよりよく伝える工夫が凝らされた作品が多く、詩の表現技法とその効果を「知恵」として身に付けることができたと言える。発表の際の音読も、声のスピードや大きさ、間の取り方を工夫し、発声に感情をのせようと努める様子がうかがえた。さらに、他者が創作した詩の発表を聞き、自分にはない言葉の使い方や対象の捉え方などに触れて感性を刺激された生徒が多かったことが、感想からうかがえた。他にも、発表のしかた・聞き方の基本を、中学校入学直後のこの時期に学習できたことは、今後の授業展開にも有効であろう。

【生徒の作品例・感想例】

やたい
きんぎょ まなと

ぼくには
たくさんのなかまがいる
おおきいの ちいさいの
いろいろなかたちの

きのう
ぼくのともだちが
いなくなった
いきなり「バシャッ」って
すくわれた

つぎはだれだろう

「つぎはだれだろう」から不安がジリジリ迫ってくる感じが伝わってきた。（男子生徒）

ただし、教室の中で「野原の生き物の思い」を想像する場合、そのイメージは一般的で固定化されたものになってしまいがちである。授業中に野原に出ることが叶わないならば、図書室を使用して、生徒が野原の生き物について調べたり、イメージを膨らませたりする時間をとるとよいだろう。そうすることで、より個性的・独創的で具体的な詩が生まれてくるに違いない。　〔永澤直樹〕

〔感性・情緒〕表現の技法を捉えて音読・朗読をする力／詩：「野原はうたう」／実施学年１年　　29

育てる 資質・能力

〔感性・情緒〕
表現技法の効果を捉えて言葉の感性を磨く力

実施学年
2年

単元名▶詩：「見えないだけ」(牟礼慶子)

1 実践の概要

(1) 資質・能力の概要

　詩は、作者の思考や主張が短い語句の中に凝縮された文学である。研ぎ澄まされた言葉の感性とその背後に広がる豊かな情緒を読み取るとともに、自らの言語感覚や感受性を養う教材として位置づけられる。詩を通して、他者に寄り添い共感する力、異見を持って批判する力を培うことは、社会の中で他者と共生していく上での糧となるだろう。人は、喜び、悲しみ、焦り、怒りなどさまざまに心が動く。そして、感情や感動を言葉にする難しさに直面し、同時に言葉で伝えることの大切さを知ることは、新学習指導要領の目標に新たに示された「言葉がもつ価値を認識する」ことの基盤となる。表現技法の効果を捉えながら言葉への感性を磨き、豊かな情緒を育むことは、生きる力の源となり人生に彩りを添えるだろう。

　なお、中学1年では「のはらうた」(工藤直子)で、表現の技法を意識して音読・朗読をすることで作者や詩中の人物・事柄に寄り添う学習を行っている。この単元ではさらに踏み込み、題名や修飾語など表現の細部に着目することを通して、多感な年ごろを生きる生徒自身の思いや考えと照らし合わせながら、詩の世界観を己の現実に引き寄せて味わわせ、「**ささやかな言葉遣いの重みを通して、作品と対話をすることができる**」という「知恵」を身につけさせたい。

(2) 単元目標

・題名や修飾語、語感に注目し、表現技法の効果を確かめながら、内容を捉えることができるようにする。　　　　　　　　　　　　　　　　　　　　　　　　　　　　　(知識・技能)
・他の作品との比較を通して、作品を読み深めることができるようにする。(思考・判断・表現)
・作品の主題について、自身の心情と照らし合わせながら主体的に考えを深めようとする態度を養う。　　　　　　　　　　　　　　　　　　　　　　　(主体的に学習に取り組む態度)

(3) 学習ロードマップ

　　　　　　　K1：題名や修飾語に着目し、内容を捉える。
　　　　　　　P1：作者 (牟礼慶子) の類似の詩 (『遠くの庭』) との相違点を探す。

K1	P1	R1
K2	P2	R2
K3	P3	R3

P2：その他の詩（『優しい記憶』『どのことばよりも』）について、表現の効果を踏まえて内容を捉える。

K2：比喩表現や象徴表現の効果をふまえて、主題を捉える。

K3：自身の思いと重ね、話し合うことを通して、考えを深める。

(4) 単元計画

第1時 『見えないだけ』を読み、表現技法や修飾語の効果を捉えた上で、題名から読み取れる意図や作品の主題を捉える。

第2時 『見えないだけ』が収められている詩集「ことばの冠」から『遠くの庭』を取り上げて相違点を考察することで、第1時で読み取った主題を確認する。

第3時 「ことばの冠」の他の詩『優しい記憶』『どのことばよりも』について、第1時と同様の観点で主題に迫り、自身の思いと照らし合わせながら感想を述べ合う。

2 実践のポイント……………………………………………

　教材文は、今は見えないけれど確かにある、明るい未来への展望を主題とする詩である。そこに用いられている語句一つ一つに込められた意図、ささやかな言葉一語一語の重みに気づく経験を通して、感性の赴くままにただ詩を味わう独りよがりな解釈ではなく、作品を受け止めるには表現への感覚を鋭敏に繊細に研ぎ澄ます必要があるという「知恵」を身に付けさせたい。どのような語句を選び、どのような技法を用いているかに意識を向けること、さらに他の類似作品と比較することで、作者と近似的な感情を体験し、作品世界に没入する過程を学ばせる。また、他の文学作品でも言えることだが、同じ作者が書いた他の文学にも目を向けることで、世界観が広がり、読みが深まるという経験も「知恵」として授けたい。

3 本時の展開（第2時）……………………………………

(1) 題名や修飾語に込められた作者の意図を確認する

　第1時で生徒から挙がった意見を確認する。

> 題名『見えないだけ』の「だけ」にはどのような意図が込められていますか。（K1）

・余韻を残して、読者に考えさせている。

・『見えないだけ』のあとに、本当に伝えたいことがかくれている。

・見えないだけで、実際は「ある」ということを主張している。

・「見えないだけで実際はある」と明言するのではなく、「見えないだけ」の後に込めた思いを、読者が自ら導き出すことをねらっている。

> 特徴的な修飾語は何ですか。またどのような効果がありますか。（P1）

〔感性・情緒〕表現技法の効果を捉えて言葉の感性を磨く力／詩：「見えないだけ」／実施学年2年　　31

- 「もっと青い空」「もっと大きな海」の「もっと」→未知の世界、希望を表す効果。
- 「優しい世界」の「優しい」、「美しい季節」の「美しい」→明るさ、期待。
- 「新しい友達」の「新しい」→未来への希望。
- 「胸の奥で」「次の垣根で」「少し遠くで」「待ちかねている」
  →まだ見えていないがやがて見える、出会えるという予感。
- 「まだ」「ここからは」→今は、ここでは見えないけれど、やがて見えるという確信。

(2) 『遠くの庭』との共通点と相違点をまとめる

各自でまとめた後、グループですり合わせをし、代表者が発表する。

> 共通しているのはどういう点ですか。（P2）

- 「今の自分には、まだ知らないことがある」という点。
- 『見えないだけ』の「新しい友だち」と、『遠くの庭』の「未知の友」は同じ。
- 『見えないだけ』の「空」「海」は、『遠くの庭』の「その場所」と同じ。
- 『見えないだけ』の「ことばがはぐくんでいる　優しい世界」は、『遠くの庭』の「その声」と言い換えられる。

> 異なっているのはどういう点ですか。（P2）

- 『遠くの庭』では、「木」が何度も出てくる。『見えないだけ』では、「蕾」は出てくるが、植物の話ではなくて季節の話。
- 『見えないだけ』では、見えないものしか述べていないが、『遠くの庭』では、見えるものと見えないものの両方を述べている。
- 詩の最後が「まだ見えないだけ」と「まだ誰も見つけない」。似ているが、「見えない」と「見つけない」は違う。

> ここに挙がった共通点・相違点について異議はありますか。（P2）

- 相違点として、『遠くの庭』では見えるものと見えないものの両方を述べているという意見が挙がったが、『見えないだけ』でも「もっと青い空」「もっと大きな海」と表現されているので、「青い空」「大きな海」は今見えていると解釈してよいと思う。

(3) 作品の表現について考察する

グループで話し合い、代表者が発表する。

> 作品の意図を考察するには、共通点、相違点のどこに着目すれば効果的かを確かめ、『見えないだけ』から読み取れる主題について話し合いましょう。（K2）

○相違点「見えない」と「見つけない」に着目したグループ
・「見えない」は、どんなに頑張っても今はまだ見えない。この先必ず見えるようになるという強い思いが伝わる。
・「見つけない」は、見えるのに見つけようとしていない。見つけようとしなければいつまでも見えない。自分の努力や意識次第だという意味合いが強い。
・『遠くの庭』は、もっと自分で視野を広く持って、積極的に努力することに主眼があるのに対し、『見えないだけ』は、これから訪れる未来に期待していいよと背中を押している。
○相違点・共通点で議論になった、見えるものと見えないものの両方を述べているかどうかに着目したグループ
・確かに、「青い空」「大きな海」は見えているという前提に立って読むことはできるが、『遠くの庭』で「見える木から見えない木まで」と明記しているのに対して、『見えないだけ』では今見えるものははっきりとは書かれていない。『遠くの庭』では、今見えているものにも読者の目を向けさせたいが、『見えないだけ』では今見えているものは重要視していないと考えられる。
○相違点に着目するグループが多いので、共通点は重要ではないのかについて話し合ったグループ
・相違点だけでは、作品の意図は読み取れない。共通点で挙がった事柄を大前提として、さらに読みを深める時に他の詩との相違点が活きてくる。作品の根底にある思いは不変で、それをどうアプローチしていくかで表現が変わっているのが分かる。

最後に、作品の主題を各自まとめる。

> 各自で、『見えないだけ』から受け取ったメッセージをまとめましょう。(K3)

・今は見えないけれど、明るい未来は確実にある。希望にあふれる将来への展望。
・今の私たちは、将来自分がどうなるのか不安と期待が入り混じっている。そんな私たち世代に、心配しなくていいよ、未来は明るいよと伝えてくれている。

4 授業改善の視点

詩歌教材は短いだけに、教科書掲載の詩を鑑賞するだけでは読みが深まりにくい。その詩の背景や省略された事柄をどれだけ豊かに感じられるかが鍵である。ささやかな言葉の重みに気づくには、似ている表現を比較しながら、その語句の指し示している意味を考えるとともに、語感や印象を吟味することが有効であり、生徒たちは意欲的に取り組んだ。グループでの話し合いや他のグループの発表を聞く中で、気づきを深めることができた。

今回は、共通点・相違点が見つけやすい比較作品をこちらから提示したが、学習者自身が、主題の重なるような詩を選べるのが理想である。　　　　　　　　　　　　　　［福川章子］

〔感性・情緒〕表現技法の効果を捉えて言葉の感性を磨く力／詩：「見えないだけ」／実施学年2年

育てる 資 質・能 力

〔感性・情緒〕
文語とリズムから生まれる詩情を味わう力

実施学年
3年

単元名▶詩歌：「初恋」(島崎藤村)

1 実践の概要‥‥‥‥‥‥‥‥‥‥‥‥‥‥‥‥‥‥‥‥

(1) 資質・能力の概要

　文学作品の学習を通して「感じる力」「想像する力」を育てることは大変重要であり、小中学校を通して詩歌の学習がその中心を担っている。作者が、心の奥底から湧き出る感情をやむにやまれぬ思いで、選び抜いた言葉にのせて表現した抒情詩は、読む人の心を震わせ、感動させる。多感な中学生がその過程に立ち会うとき、その感性が最も豊かに開花するといえるだろう。そして、研ぎ澄まされた言葉の力に気付くに違いない。

　本単元では、義務教育の集大成として、これまでの詩歌の学習で身に付けた表現技法の知識を活用し、文語・七五調について学び、そのリズムが日本人の伝統的な感性に基づくものであることに気付かせたい。詩歌がただ個々人の特殊な感情の発露にとどまるものでなく、長きにわたる日本人の伝統的な感性を踏まえたものであることを理解したうえで、文語と五七調を意識して、朗読を工夫する。そして、感想を発表し合い、感動を分かち合う経験を通して、「**言葉遣いとリズムを意識して朗読をすることでイメージが立ち現われ、先人と対話をすることができる**」という「知恵」を身に付けさせたい。

(2) 単元目標

・文語の語句の意味と、七五調のリズムを理解できるようにする。　　　　　(知識・技能)

・連のまとまりごとに解釈し、朗読を通して詩の内容が想像できるようにする。

　　　　　　　　　　　　　　　　　　　　　　　　　　　　　(思考・判断・表現)

・詩に対する自分の思いを持ち、他者と交流して作品を読み深めようとする態度を養う。

　　　　　　　　　　　　　　　　　　　　　　　　　　　(主体的に学習に取り組む態度)

(3) 学習ロードマップ

K1	P1	R1
K2	P2	R2
K3	P3	R3

K1：文語の意味と七五調のリズムを理解する。

P1：心情を捉える。

P2：心情の変化を捉える。

K2：詩の世界を想像し、味わう。

K3：工夫して朗読し、意見を交換する。

34　　第2部　スキルコードで深める国語科の授業モデル

(4) 単元計画（1時間）

　CDや教師の範読を聞く。その後生徒自身に工夫させながら読ませる。言葉の意味を適宜指導したうえで、独特のリズムが七五調にあることを理解させ、詩の特徴、口語訳を指導する。

　連ごとに情景を想像させ発表させる。意見を交流させると同時に、内容を適切に理解させる。

　詩の世界と現在の自分とを引き比べて、感想をまとめさせる。

2 実践のポイント……………………………………………

　教材文は、若々しい感性を伝統的な様式で表現して近代詩の礎を築いた作者の代表作である。音読で捉えられた独特のリズムの根拠となるものは何かを考えさせ、音数の規則性にあることに気付かせる。そして、それが七五調という日本の短詩型文学にみられる特徴であると押さえ、日本人の伝統的な感性に基づくものであると理解させる。また、校歌や流行歌、ポップスなど身の回りの歌と比較させて、現代のリズムと比べ合わせることで、主体的な学びとしたい。さらに、古語独特の響きや係り結びといった文法上の特徴もリズムを生み出す根拠になっていることに気付かせることで、高校で学ぶ古典学習への興味喚起に結び付けることができる。

　本単元では、文語の知識・リズムの知識をもとに、工夫して朗読をすることで、詩のイメージが豊かに立ち現れ、詩に込められた情感・感動の中心を受け取ることができるよう導きたい。このように、伝統的な表現やリズムの知識をもとに朗読する経験を通して、言葉遣いとリズムを意識して朗読をすることで具体的なイメージが立ち現われ、先人と対話することができるという「知恵」を得ることができるだろう。作者の個人的な感動であったものが誰でも感じうるものとして普遍化され、生徒の個人的経験あるいは内面と重ね合わせて、感動の質を高めていくことが大切である。

3 本時の展開（第1時）……………………………………

(1) 詩の韻律（リズム）を捉える

> 声に出して読んでみて、どのような特徴がありましたか。指を折って確認してみよう。
> （K1）

　　・読みやすい。（言いやすい）

　　・標語みたい。

　　・俳句や短歌みたい。五七調、七五調。

　リズムへの気付きが出るまで問い続けて音数に気付かせる。

(2) 文語の意味を捉える

> 分かりやすい現代語に置き換えながら、それぞれの言葉の意味するものを考えてみよう。(K1)

〔感性・情緒〕文語とリズムから生まれる詩情を味わう力／詩歌：「初恋」／実施学年3年　　35

- 「あげ初めし前髪の」→「大人の髪形に変えたばかりの前髪が」
- 「人こひ初めしはじめなり」→「初めての恋のはじまりだ」
- 「君が情に酌みしかな」→「君への思いに夢中になってしまう」
- 「間ひたまふこそこひしけれ」→「お聞きになるなんて、すてきだなあ」

辞書や教師の手助けを受けて言葉の意味が十分に理解できるようにしたうえで、現代語での表現では得られない古文独特のリズムがあることに気づかせる。現代語でも「こそ」をつけると強調になるが、古文では「こそ」を「こひしけれ」と受ける係り結びに独特のリズムを生む源があることを説明する。

(3) 詩のイメージを捉える

> 4つの連のまとまりごとに心情を思い浮かべよう。(P1)

- 一連は、出会い。
- 二連は、初めての恋心。
- 三連は、気持ちの通い合い。
- 四連は、恋という感情の肯定。

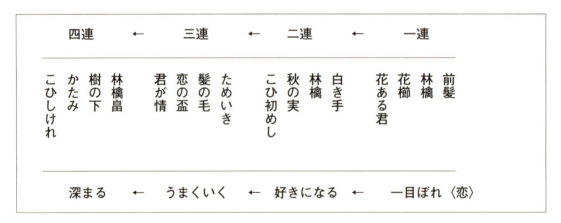

> 各連を比較すると、どのように心情が変化していることがわかりますか。(P2)

- 連ごとに時間を追っている。
- 時間は続いているわけでなく、少し間がある。
- 二人の距離が結構近くなる。
- だんだん気持ちが深まっていく。

(4) 詩情を味わう

> 現代の歌と比べ、100年以上前の作品と知ってどう思いますか。(K2)

- 率直な思いを表現していてすばらしい。
- 100年以上前の人のものとは思えないほど自由だ。
- 言葉が古臭いけど、格調高い。
- こういう恋がしてみたい。

　初恋という現代に生きる少年少女の誰もが感じるみずみずしい感情が100年以上前の作者によって見事に言語化されていて、そこに自然に共感できることに気付かせる。これが伝統的な感性との対話・交流になっていることを確認させる。

(5) 工夫して朗読し意見を交換する

> 語句やリズムを生かして、工夫して朗読してみよう。（K3）

> 学習したことをもとに、自分の思いを文にしてみよう。（K3）

- 古語や七五調のリズムが、うきうきする心の高まりを表している。
- 林檎や櫛、髪や手などの具体的な表現が、恋する心のみずみずしさを表している。
- 愛や性といったものに過激な表現があふれる現代に生きる私たちは、この詩で描かれたような純粋な思いを見直し、大切にすべきである。

4 授業改善の視点……………………………………………

　中学生は文語についての抵抗感が根強いが、リズムよく音読をすることによって、文語や七五調のよさを理解することができたようである。

　この単元の学習は3年生の冬の時期にあてられている。現実的には高校受験を控えた時期であり、落ち着いて教室で過ごすことができない生徒が多いに違いない。こういう時こそ、1、2時間しっかりと詩を学ぶことによって自分と向き合う時間を取ることは価値のあることである。日ごろの中学校生活においては何かと規制が多く、自分の感情を抑制することが求められている。しかしこの詩は、初恋という、自己の肯定感にあふれた人間にとって最も原初の幸福に満ちた瑞々しい感情を扱っている。できれば、これを契機に詩の創作に取り組むことができれば素晴らしいだろう。経験に基づこうが完全な想像であろうが、高校生活を控えたこの時期に、希望に満ちた人生を肯定するような詩を作らせてみたいものである。

　探究心の強い生徒が対象の場合は、『藤村詩集』「序」の数行を紹介し、日本近代の黎明期に全く新しい文学を生み出そうと行動する藤村の決意と気概を紹介するのもいいだろうし、「小諸なる古城のほとり」を提示すれば連が時間の推移を表すことに藤村が自覚的であったこともわかる。

［辻　永］

〔感性・情緒〕文語とリズムから生まれる詩情を味わう力／詩歌：「初恋」／実施学年3年

育てる資質・能力

〔感性・情緒〕
構成から心情を捉える力

単元名▶小説：「星の花が降るころに」
　　　　（安東みきえ）

実施学年
1年

1 実践の概要

(1) 資質・能力の概要

　文学的文章において、登場人物の心情の変化を場面の展開と結び付けて捉えることは、小学校第3・4学年から学習が積み重ねられている。しかし、教材文に依拠した指導では、場面を3つ、4つ、6つなどと教材文に固有の分け方をすることが一般的で、汎用的な資質・能力にはなっていない。そこで、本単元では文学的文章の典型的な場面構成の型である「起承転結」の4場面構成を指導する。そして、場面特有の言葉の仕掛けを発見するという経験を通して、「**型に沿って読むと、言葉の仕掛けから主人公の気持ちが見えてくる**」という「知恵」を身に付けさせたい。

　言葉の仕掛けを発見することは、文学的文章への興味を大いに促す。そうすることで、「言葉がもつ価値」に気付き、「進んで読書を」するようになるだろう。

(2) 単元目標

・場面の展開と登場人物の相互関係、心情の変化を構成する典型的な型を理解することができるようにする。　　　　　　　　　　　　　　　　　　　　　　　　　　　　（知識・技能）
・場面構成の型に沿って、登場人物の相互関係と心情の変化を適切に捉えることができるようにする。　　　　　　　　　　　　　　　　　　　　　　　　　　　　（思考・判断・表現）
・場面構成の型を意識しながら、主体的に読書をしようとする態度を養う。
　　　　　　　　　　　　　　　　　　　　　　　　　　　　（主体的に学習に取り組む態度）

(3) 学習ロードマップ

K1	P1	R1
K2	P2	R2
K3	P3	R3

K1：登場人物の言動と心情を捉える。
P1：主人公の心情の変化を捉える。
P2：場面のつながりと主題を捉える。
K2：場面構成の型を理解する。

(4) 単元計画

第1時　作品を通読し、登場人物を確認して、感想を書く。
第2時　文学的文章の典型的な場面構成の型を、小学校で学習した教材文を想起しながら理

解する。そして、この作品での「対役」の役割を考え、主人公の心情や考え方が対役によってどのように変化したかを端的にまとめる。

第3時 導入の場面での設定を確認する。次に、展開の場面での登場人物の相互関係を捉える。

第4時 やま場の場面での主人公の心情や考え方の変化を捉える。対役とのどのような出来事によって変化したのかを的確に理解する。

第5時 結末の場面を導入の場面と照らし合わせて、どのような仕掛けがされているかを考える。主題をまとめ、場面の構成を主題に即して確認する。

2 実践のポイント……………………………………………

　本教材は、教科書のために書きおろされたもので、場面展開の型に沿って様々な仕掛けがされており、文学的文章の構成を学ぶ上で大変効果的な作品である。すでに4つの部分に分けられているので、各場面における登場人物の関係と、心情や価値観の変化に焦点化をして学習を進めることができる。また、登場人物が同年代で、学校での人間関係を扱っており、「この後、作品がどう続いていくか」ということにも興味を持たせやすい。そして、表面的な読みでは、主人公と対役が恋仲になると多くの生徒が想像をするので、「本当にそうだろうか。読みが甘いのではないか。」と生徒たちに挑戦状を突きつけるのもよいだろう。

3 本時の展開（第4〜5時）……………………………

(1) 登場人物の相互関係を確認する

> 対役は誰でしたか。（K1）
> 対役は、どのような役割をするのでしたか。（K2）

　・対役は「戸部君」。
　・対役は「主人公の気持ちや考えを変える」役割をする。

(2) 心情の変化を捉える

> やま場の場面で、主人公の気持ちが変化したところはどこですか。（K1）

　・「‥‥戸部君を見ていたら、なんだか急に自分の考えていたことがひどく小さく、くだらないことに思えてきた。」
　・「溶け出していた魂がもう一度引っ込み、やっと顔の輪郭がもどってきたような気がした。」
落ち込んでいた気持ちが、上向き始めたことを押さえる。

〔感性・情緒〕構成から心情を捉える力／小説：「星の花が降るころに」／実施学年1年　　　**39**

なぜ、主人公は気持ちが変化したのですか。(P1)

- 戸部君が「みんなとは離れた所で、一人ボールをみがいていた」のを見て、戸部君は一人で自分のやるべきことをしっかりとやっているのに、自分はどうなんだろうと思ったから。
- 戸部君が「使いたいときだけ使って、手入れをしないでいるのはだめなんだ」と言っていたのを思い出して、自分は夏実にそう接していたのかもしれないと思ったから。
- 「私より低かったはずの戸部君の背はいつのまにか私よりずっと高くなっている」というところから、戸部君は自分よりも成長していると思ったから。

文章を根拠にして、適切に想像をさせる。

(3) 場面のつながりを捉える

結末の部分を導入の部分と比べると、どのようなことがわかりますか。(P2)

- どちらにも「銀木犀」が出てくる。
- 導入では、「白い星形」の花がいっぱいになっていたが、結末では、色あせた「星形の花」をビニール袋から土の上に落とした。そのことから、「お守り」がいらなくなったことがわかる。
- 導入では、夏実と木に閉じ込められた(「秘密基地」「木が守ってくれる」)が、結末では、一人で「木の下をくぐって出た」とあり、主人公が成長したことがわかる。

(4) 主題を捉える

主題を、次のようにまとめましょう。 「主人公が、○○によって、○○する物語。」(P2)

- 主人公が、戸部君によって、成長をする物語。
- 主人公が、戸部君の成長した様子に気付いたことによって、自分も前へ踏み出そうとする物語。

「成長」ということについて、「木の下から出た」という情景から連想される、成長を表す言葉を問う。やり取りをしながら、「巣立ち」という言葉を引き出す。

- 主人公が、戸部君の気づかいによって、巣立ちをする物語。

登場人物の名前について考えてみましょう。何か気付きませんか。(P2)

「巣立ち」から連想をさせる。

- 「戸部君」は「飛べ」の意味だ!
- 「戸部君」は、主人公に「飛べ」と言って巣立ちをさせる役目を果たしていた。

40   第2部 スキルコードで深める国語科の授業モデル

> 題名は、どのようなことを表していると思いますか。(P2)

- ・一年前の「星の花が降るころに」は、親友の子に頼っていたが、今年の「星の花が降るころに」は、一人でなんとかやっていける。
- ・お守りのようにしていた「星の花」を、自分の手で降らして、自分から前へ進んでいこうとする。

(5) 場面の構成を理解する

> 主人公はどのように変わったのか、題名の言葉を使って、場面ごとにまとめましょう。
> (K2)

- ・導入の場面では、「星の花」に守ってもらっていた。
- ・展開の場面では、「星の花」をお守りにしていたが、親友と仲直りはできなかった。そんな弱い自分を、対役が見守っていた。
- ・山場の場面では、対役の成長に気付いて、主人公も考えが変わった。
- ・結末の場面では、「星の花」を降らして、弱い自分と決別をした。

4 授業改善の視点……………………………………

　文学的文章を読み深めるための基礎として、「導入・展開・やま場・結末」の型を、物語の展開に即して具体的に意識をさせた。その中で言葉の仕掛けに気付いた生徒たちは、文学的文章の言葉への興味・関心が高まることだろう。

　基礎の学習であるため、発問により知識の確実な習得を目指すモデルを提示したが、言語活動を通しての学びとしては、場面毎に紙芝居を作るとよいだろう。タブレットを活用して、場面毎に主人公の変化を端的な言葉でまとめ、その場面を象徴する写真をインターネットで検索して背景にするという実践を行った。時間はかかるが、楽しい活動であった。

　また、この作品は、思春期における人間関係の発達段階をモチーフとしている。女子生徒に特有の親密な二人組の関係は、発達心理学で「チャム・グループ」と呼ばれる。自分と同じであることを友人関係での大切な価値として結束し、特にただ一人の同性と常に一緒に居たいという心性に強く支配される。高校生になると、互いに異質な点を認め合う「ピア・グループ」に移行をしていくが、チャム・グループは友人関係のトラブルを起こしやすい。そこで、「主人公に手紙を書く」といったK3の学習活動を行えば、チャム・グループにある自分自身を客観視し、自分のものの見方や行動を見つめ直すこともできるだろう。

［富谷利光］

〔感性・情緒〕構成から心情を捉える力／小説：「星の花が降るころに」／実施学年1年　41

育てる 資質・能力

〔感性・情緒〕
語り手の役割を意識する力

実施学年
1年

単元名 ▶ 小説:「少年の日の思い出」
（ヘルマン・ヘッセ／高橋健二訳）

1 実践の概要

(1) 資質・能力の概要

　小説は、常に誰かの視点を通して語られる文学である。つまり、小説の読み手は、作品内の時間や状況、登場人物の心情などを「語り手」の視点を経由して読み取ることになる。よって「語り手」の位置付けを明らかにし、その設定の効果について考えることは、文学作品の表現形式の可能性や豊かさへの理解を深める点において大変重要である。

　なお、「語り手」という用語を学習者が初めて授業で習うのは小学校3年「モチモチの木」（光村図書の場合）である。ただし、その後の「ごんぎつね」（小学校4年）、「大造じいさんとガン」（小学校5年）といった特徴的な「語り」の構造を持つ教材も含めて、「語り手」の設定について授業で考えられることはほとんどない。そこで、「語り手」というフィルターを通して小説を読んでいることに気付かせ、**「語り手は、登場人物の気持ちを読者に伝える役割をしている」**という「知恵」を身に付けさせたい。

(2) 単元目標

・文学作品における語り手の役割について理解できるようにする。　　　　　（知識・技能）
・登場人物の視点を変えて物語を捉え、作品を読み深めることができるようにする。
　　　　　　　　　　　　　　　　　　　　　　　　　　　　　　　　（思考・判断・表現）
・「語り手」の設定を考え、多角的に作品を読もうとする態度を養う。(主体的に学習に取り組む態度)

(3) 学習ロードマップ

K1	P1	R1
K2	P2	R2
K3	P3	R3

K1：作品の語り手を場面ごとに正確に捉える。
P1：語り手を意識して人物像を捉える。
P2：人物像の描かれ方の理由を考える。
K2：語り手の役割と表現効果を理解する。
P3：別の視点から作品を書き換え、発表をする。

(4) 単元計画

第1時　作品を通読し、感想を書く。登場人物を確認しながら、本作品が2部構成（第1部＝「現在」の「私」の語り、第2部＝「客」である「僕」が語る「過去の回想」）

となっていることを捉える。

第2時 第2部の前半部分（「僕」が「十歳ぐらい」）を読み、主人公（「僕」）と対役（エーミール）の印象的な言動・評価を抜き出して対比的にまとめる。

第3時 第2時に抜き出した言動・評価が、「語り手」（＝主人公）の視点によるものであることを理解し、改めて客観的な視点から主人公と対役の人物像をまとめる。

第4時 第2部の後半部分（「二年」後）を読み、主人公（「僕」）がクジャクヤママユをつぶしてしまった後の場面について、視点となる「語り手」を変えて書き換える。

第5時 書き換えた文章を読み合い、感想を交流する。

2 実践のポイント………………………………………………

　教材文は、二つの場面から成り立っている。前半は「私」が語り手であり、「客」が「私」のちょうの収集を見たことをきっかけに、少年の日の思い出を語り出そうとする場面である。後半は「客」である「僕」が、語り手となり、ちょうの熱情的な収集家だったために引き起こされた苦しい出来事が語られる。

　本単元で目指す「知恵」は、視点を変えて作品を再構成することで「語り手」の位置付けを明らかにする経験を通して、「物語の出来事や登場人物を捉え直す」ということ、すなわち、小説を構造的かつ多角的に捉える力を身に付けることである。そこで単元を通しての学習活動を、「別の人物の視点で書こう」と設定し、最終的に書き換えた作品を発表して意見交換を行うことで、多角的な視野を身に付けさせる。

3 本時の展開（第2〜3時）………………………………………

(1) 語り手を意識して人物像を捉える

> 対役の「エーミール」は、どのような人物として描かれていますか。(P1)

- ・「非の打ちどころがないという悪徳をもっていた」「二倍も気味悪い性質だった」
- ・「あらゆる点で模範少年だった。そのため、僕は妬み、嘆賞しながら彼を憎んでいた」
- ・「こっぴどい批評家」

　本来、良い性質であるはずの「非の打ちどころがない」ことが、「語り手」（僕）の主観によって「悪徳」「気味悪い性質」と表現されていることを押さえる。

　また、褒められるべき「模範」的であることも、「語り手」（僕）の主観によって憎むべきことになってしまっている。

> なぜ、そのように描かれているのですか。語り手の気持ちになって考えましょう。(P2)

- ・語り手である現在の「僕」は、大人になった今でも、エーミールのことを憎んでいる

〔感性・情緒〕語り手の役割を意識する力／小説：「少年の日の思い出」／実施学年1年　　43

（苦手としている）から。

主人公（僕）はどのような人物として描かれていますか。（P1）

・「（ちょう集めに）ひどく心を打ち込んでしまい、〜他のことはすっかりすっぽかして
　しまった」→それだけ熱中していたということだが、いい加減な性格も読み取れる。
・「（獲物を）自分の妹たちだけに見せる習慣になった」→他人から批評を受けることを
　嫌がるため、友人がいない。よって、ちょうの収集は自己流で自分本位。
・「僕は、その（足が二本欠けているという）欠点をたいしたものとは考えなかったが」
　→大雑把な性格。

なぜ、そのように描かれているのですか。語り手の気持ちになって考えましょう。（P2）

　・現在の「僕」が語っているので、少年の日の自分を反省しながら振り返っているため。
対役の「エーミール」と異なり、様子や性格が「模範少年」のような端的な言葉で描写さ
れることがないということを押さえる。

主人公（僕）の「性格」や「人との接し方」が、作品の中にわかりやすく表現されない
のは、なぜでしょうか。（K2）

グループで話し合わせ、意見を発表させる。
　・「語り手」である「僕」には、自己を客観的に見つめる視点が欠けているから。
　・「語り手」である「僕」は、自分にとって都合の悪いことを語りたくないから。
この後、主人公（僕）はクジャクヤママユをつぶしてしまい、エーミールから「つまり君
はそんなやつなんだな」と冷たく言い放たれるのだが、そもそも二人は「互いに理解し合え
ない関係」であった（という「語り手」の意識があった）ことがわかる。

（2）語り手の役割と表現効果を理解する

主人公（僕）と対役（エーミール）の人物像を対比してまとめましょう。（K2）

　対比の関係をもとに考えさせる。各自でまとめた後、グループですり合わせをする。また、
その考えの根拠を文章中から挙げさせる。グループで代表者を決めて発表をする。

主人公と対役は、どのような関係だったのでしょうか。（K2）

　・互いに相手のことを良く思っていない。
もともとあった相手に対する良くない感情が、一つの事件によって顕在化していくことを押さえる。

人物像のまとめ	語り手（現在の「僕」）の気持ち
対役（エーミール） ・非の打ちどころがない　模範少年 ・正確で細かい、完璧主義 ・他人にも厳しい ※「僕」のことを疎んじている 　→　対照的　← 主人公（僕） ・ちょう集めに熱中 ※いい加減・大雑把 ※友人いない ・自分本位の収集 ・「エーミール」のことを憎んでいる	今でも憎んでいる 苦手
	反省

(3) 別の視点で捉え直す

> 語り手（僕）の気持ちが強く出ている部分を選んで、別の人物を語り手にして書き換えてみよう。（P3）

・「そこで、それは僕がやったのだ、と言い、詳しく話し、説明しようと試みた。」
→（エーミール視点に）「彼は『それは僕がやったのだ』と言ったが、なぜそうしたのかを言いわけするだけで、あやまろうともしなかった。」

4 授業改善の視点……………………………………………………………

　本単元では、視点を変えて作品を再構成することで、小説を構造的・多角的に捉える力を身に付けさせようとした。原作と異なる語りの視点としては、対役であるエーミールの他に、「僕」の「母」を挙げる生徒も多い。このように、異なる視点を複数挙げることができれば、より多角的に作品やその登場人物を理解することができるだろう。

　また、本教材が不完全な「額縁構造」（「現在」の語りの中に「過去の回想」が挿入されるが、再び「現在」の語りには戻ってこない）であることを利用して、「エピローグを創作しよう」という学習活動を展開することも考えられる。その際は、「僕」が大人になるまでの20〜30年の間、少年時代の出来事とどのような気持ちで向き合って来たのか。なぜ「私」に昔の出来事を語る気持ちになったのか、語ることが「私」にとってどのような意味があったのかなどを、題名とも関連付けながら考えさせ、小説の世界に深く誘いたい。さらに、そんな「僕」に対して学習者が抱く個々の思いを、「私」の評価として語らせることも可能である。生徒に「語り手」の視点を意識させながら、小説の構造の奥深さに気付かせる授業展開が期待できる。

[永澤直樹]

〔感性・情緒〕語り手の役割を意識する力／小説：「少年の日の思い出」／実施学年１年　　45

育てる 資質・能力

〔感性・情緒〕
言動から人物像を捉える力

実施学年
2年

単元名▶随筆：「字のない葉書」(向田邦子)

1 実践の概要

(1) 資質・能力の概要

　文学作品を学ぶ上で、人柄・人物像を捉えることは大変重要である。人物同士の関わりの中で起こる出来事や人物の心情を適切に捉えるための基盤となるからである。

　本単元は随筆だが、随筆は、作者の視点から直接対象人物が描かれるので、小説での学習に先立って人物像を捉える学習に適している。日常の場面の中で、作者との関係を踏まえて、人物相互の関係がどのように描かれているのかを捉えやすい。特に言動の描かれ方に着目し、**「言葉と行動に、人柄が表れる」**という「知恵」を授けたい。

(2) 単元目標

・人物の言動や様子の描写に着目して人物の人柄や心情を捉えることができるようにする。

（知識・技能）

・他の作品との比較を通して、人物の人柄や心情をより深く捉え、表現の効果について考えることができるようにする。 （思考・判断・表現）

・文章に込められた筆者の思いを適切に捉え、それに自分自身を重ねて考えを持とうとする態度を養う。 （主体的に学習に取り組む態度）

(3) 学習ロードマップ

K1	P1	R1
K2	P2	R2
K3	P3	R3

K1：登場人物の言動を捉える。
K2：人柄を示す本文の言葉を整理して人物像をまとめる。
P2：筆者の他の文章について同様に整理し、人物像を確認する。
K3：本文の末文から筆者の父への思いを読み味わい、自分の考えを持つ。

(4) 単元計画

第1時 随筆の特徴について確認した後、本文を通読し、作品の構成を理解する。前半部での、父の思い出として描写された父親の人柄や心情を捉える。

第2時 後半部での、疎開中の妹への家族の思いを考える。心情や人柄の描かれ方について整理する。

46　第2部　スキルコードで深める国語科の授業モデル

第3時　筆者が描いた父親の人物像をまとめる。また、筆者の父親への思いをまとめ、発表する。

2 実践のポイント……………………………………………

　本教材は、戦争末期の家族の出来事を題材としているが、今の世代にもわかりやすい平易な文章である。特に、放送作家らしい視覚的な表現は、場面の状況を鮮明に想像させるので、人物像も捉えやすい。前半と後半の章立てで、前半は、父の手紙の文面を通して、父親の人物像を浮き彫りにしている。父親の人柄や作者の心情が、的確な言葉で描かれているのでそれらをまとめる。後半は、戦争という状況下において家族が結びつき、助け合う姿が印象的に描かれる。人物像は言動や様子によって間接的に表現されているので、想像を働かせたい。

　筆者の他の作品として「父の詫び状」を生徒に紹介し、父親の人物像を捉える視点を深める。人物像を概念化するためには、人物像を複数の方面から捉えることが効果的であり、それによってより確かな人物像が形成される。

3 本時の展開（第3時）……………………………………

(1) 人物像とその根拠を確認する

> 「私」の父親は、どのような人柄でしたか。その根拠は何ですか。（K1）

- 筆まめな人
- がんこで乱暴…「暴君」
　　　　　　　　「罵声」
　　　　　　　　「げんこつ」
　　　　　　　　「かんしゃく」
- 家族思い…「親元を離れた私に、三日にあげず手紙をよこした」
　　　　　　「下の妹に毎日手紙をマルだけで書かせた」
　　　　　　「声を立てて泣いた」
- 手紙にこだわりを持っている…「向田邦子殿」
　　　　　　　　　　　　　　　「折り目正しい時候の挨拶」
　　　　　　　　　　　　　　　「貴女」
　　　　　　　　　　　　　　　「おびただしい葉書にきちょうめんな筆で自分宛ての宛名」
- 照れ性…「他人行儀な手紙」
- ふんどし一つで家中を歩き回る。
- 「字引を引くように」という訓戒

〔感性・情緒〕言動から人物像を捉える力／随筆：「字のない葉書」／実施学年2年　　47

以上の表現から、「威厳と愛情にあふれた非の打ちどころのない父親」という人柄を押さえる。

> 前半と後半では、父の人柄の描かれ方にどのような違いがありましたか。（K1）

- ・前半は、「暴君」「照れ性」などと言葉で書かれている。
- ・後半は、葉書を用意した行動や会話、妹が帰ってきた時の行動で描かれている。

> 父の人柄がよく表れている父の言葉や行動は何ですか。（K2）

- ・「暴君」には、「ばかやろう！」「母や子供たちに手を上げる」
- ・「愛情」には、「大人の男が声を立てて泣く」

(2) 重ね読みをする

　「父の詫び状」を印刷したプリントを配り、次のように指示をして黙読させる。

> 父の人柄がよく表れている部分に線を引きなさい。（P1）

- ・「（筆者が東京へ帰るとき）ブスッとした顔で、『じゃあ』」
- ・「手紙に『此の度は格別の御働き』という一行」

> この作品での父はどのような人柄ですか。（P2）

- ・娘にやさしいことばをかけない。
- ・会社のことを家にもちこむ。
- ・面子を大事にする。

> ２つの文章に共通している父の人柄は、どのようなものですか。（K2）

- ・家族の中では威厳を見せる。
- ・家族への優しさや思いやりを言葉や表情に出さない。

(3) 筆者の思いを読み味わう

　「あれから三十一年。父はなくなり、妹も当時の父に近い年になった。だが、あの字のない葉書は、誰がどこにしまったのかそれともなくなったのか、私は一度も見ていない。」という末文から筆者の父親に寄せる思いをまとめ、発表させる。

> 筆者の父親に寄せる思いについて、自分が共感できることや、共感しにくいと思うこと

を発表しよう。（K3）

・31年という歳月は、私たちには想像しにくいけれど、筆者は父親とやりとりのあった昔のことを詳しく覚えている。それだけ父親への思いが深いということに共感した。
・筆者も当時の父親と同じくらいの年齢になっているので、父親の思いを理解できるようになったのではと思う。
・行動と手紙では別人のような父親を筆者はとてもよく理解しているけれど、自分だったら理解できないだろう。
・女学校当時は理解できなかったことが年齢とともに理解できるようになり、家族の愛情の形を言葉で残すところが、筆まめで厳粛な手紙を書く、父親譲りの部分があるように思ったが、自分にはそんなことはできないと思う。

4 授業改善の視点……………………………………………………

　父親の人物像の概念化は、ある程度はできるが深い部分は難しいようだった。それは、時代の相違や生徒と筆者との年齢の相違があるからだ。「昭和」の典型的な父親像は、現代の生徒たちの身近にはすでに存在しない。それでもネット世代の生徒は、似たような父親像に様々な作品（マンガ等も含めて）で触れているのではないだろうか。たとえば、「サザエさん」の波平を例に出して、他の作品から同じような父親を探してみるとよいだろう。

　本教材は、平和教材として戦争の悲惨さを知ることがねらいとされることが多い。しかし、ユーモアの感じられる本教材はそのようなねらいに適した作品ではない。それよりも、そうした厳しい状況の中で家族がどのように関わりを持っていたのかを考えさせ、自分の家族と照らして、家族とは何かについて思考・表現させる方がよいのではないだろうか。そうしたねらいを達成するためには、家族への思いを随筆として書くという活動を取り入れる方法も考えられる。

［須藤義一］

〔感性・情緒〕言動から人物像を捉える力／随筆：「字のない葉書」／実施学年2年　　49

育てる資質・能力

〔感性・情緒〕
人物像の変化を捉える力

実施学年 **2年**

単元名▶**小説:「走れメロス」**(太宰治)

1 実践の概要

(1) 資質・能力の概要

　小説では、出来事が展開するにつれて、主人公やそれを取り巻く人々の人物像が変化していく。特に、導入部分と結末部分にその変化がよく表われていることが多い。一方で、変化の過程や理由は展開とやま場の部分に描かれているので、作品全体を丁寧に読もうとすると時間がかかり、生徒たちの興味も薄れていく。人物像の変化を捉えることは主題を捉えることにつながり、作品を読み深める学習となるのであるが、単元ごとにねらいを焦点化した学習を行う必要がある。そこで本単元では、導入部分と結末部分から人物像の変化を捉えて、主題に迫っていくこととする。本単元での「知恵」は、**「小説の主題は、人物像の変化から捉える」**ということである。

(2) 単元目標

・登場人物の言動や様子の描写に着目して、場面の展開に伴う人物像の変化を捉えることができるようにする。　　　　　　　　　　　　　　　　　　　　　　　（知識・技能）
・登場人物の人物像が変化した理由を考え、主題について意見を交流できるようにする。
　　　　　　　　　　　　　　　　　　　　　　　　　　　　　　　　　（思考・判断・表現）
・人間の内面が周囲との関わりの中で形成されていくことを、描写を通して読み味わおうとする態度を養う。　　　　　　　　　　　　　　　　　　　（主体的に学習に取り組む態度）

(3) 学習ロードマップ

K1	P1	R1
K2	P2	R2
K3	P3	R3

K1：登場人物の特徴的な言動を文章から探す。
K2：登場人物の人物像の変化をまとめる。
P2：人物像の変化の理由を考える。
K3：登場人物の人物像の変化について考えを持ち、主題をまとめる。
P3：作品の魅力を発表する。

(4) 単元計画

第1時　作品を通読し、印象的な部分と感想を発表し、交流する。

第2時　作品の場面の構成を捉え、出来事の展開を理解する。

第3時　導入部分での登場人物の人物像をまとめる。

第4時　結末部分から、まず王の人物像の変化を捉え、次にメロスの人物像の変化を考える。そして、主題を考える。

第5時　作品の魅力を作文にまとめ、発表する。

2 実践のポイント……………………………………………………

　本教材は、単純明快なストーリーでありながら主人公の葛藤がつぶさに描かれ、ラストシーンに向かってドラマチックに展開をしていくのが魅力である。主人公が困難に打ち勝ち、約束を守って英雄となる結末に感動する生徒は多い。しかし、主人公の言動を冷静に捉えると、単純な正義感から親友を人質にして命の危険にさらし、故郷から王城へと戻る時にはのんきに小歌を歌い、疲れて動けなくなると自己弁護をするという姿に嫌悪感を抱く生徒もいる。そのような生徒に感動を押し付けるのは避けたい。そこで、主題を一律に捉えるのではなく、生徒それぞれの感じ方に沿って、人物像の変化と主題とを整合的に捉える授業を展開することとする。

3 本時の展開（第4時）……………………………………………

(1) 人物像を確認する

　前時にまとめた導入部分での人物像を確認する。

主人公のメロスはどのような人物でしたか。（K1）

　　・正義感が強い…「メロスは激怒した」

　　　　　　　　　　「邪悪に対しては、人一倍に敏感であった」

　　　　　　　　　　「あきれた王だ。生かしておけぬ」

　　　　　　　　　　「町を暴君の手から救うのだ」

　　　　　　　　　　「人の心を疑うのは、最も恥ずべき悪徳だ」

　　・単純…「メロスは単純な男であった」

　　　　　　「買い物を背負ったままで、のそのそ王城に入って行った」

　　　　　　「私に情けをかけたいつもりなら、処刑までに三日間の日限を与えてください」

　　　　　　「あれを人質としてここに置いていこう」

王は、どのような人物でしたか。（K1）

　　・暴君…「たくさんの人を殺した」

〔感性・情緒〕人物像の変化を捉える力／小説：「走れメロス」／実施学年2年　　51

・孤独…「わしの孤独の心がわからぬ」

・人を信じることができない…「人の心は、あてにならなない。人間は、もともと私欲の塊さ。信じては、ならぬ」

・平和を望んでいる…「顔は蒼白で、眉間のしわは刻み込まれたように深かった」

　　　　　　　　　「落ち着いてつぶやき、ほっとため息をついた」

　　　　　　　　　「わしだって、平和を望んでいるのだが」

(2) 人物像の変化を捉える

結末部分で、王の人物像はどのように変化しましたか。(K2)

・蒼白だった顔が、「顔を赤らめて」と変化した。

・人間不信から、「信実」を認める人物へ。

・孤独から、仲間を求める人物へ。

・暴君から、平和の王へ。「万歳、王様万歳」

なぜ変化したのですか。(P1)

・メロスの行動力とセリヌンティウスとの会話を通して、人に信実があることを確認できたから。

メロスの人物像はどのように変化しましたか。(K2)

・単純で正義感が強い人物から、自分の過ちを素直に認める人物へ。

・自分中心のナルシストから、自分を客観的に見ることができる人物へ。

　…「勇者は、ひどく赤面した。」(恥ずかしさを知った)

なぜ変化したのですか。(P2)

・一度は王に、自分の弱い心に負けたから。

・「恐ろしく大きいもののために」、頭を空っぽにして走ったから。

メロスの人物像の変化についてどう思いますか。(K3)

・自分の弱さを認めるのは勇気がいる。

・無心になったことで、自意識が消えて、素直になった。

・人間的に成長して、真の「勇者」になった。

(3) 主題を捉える

主題を、次のようにまとめましょう。
「○○だった主人公が、○○する（○○になる）物語。」(K3)

- 単純でただ正義感が強いだけだった主人公が、成長する物語。
- 自分中心だった主人公が、本当の友情を結ぶ物語。
- 悪を憎んでいた主人公が、悪を善に変える物語。
- 勇者気取りだった主人公が、真の勇者になる物語。

4 授業改善の視点

　人物像の変化について、王の変化はわかりやすい。そこで、王を主人公として読むことも可能だが、やはり主人公はメロスである。メロスの心情の変化は捉えやすいものの、清水を飲んで歩き出す場面では、価値観の変容までは伴っていない。つまり、そこに主題性はないのである。ところが、その場面の前後の心情の変化を時間をかけて確認する授業が多い。だが、読めば分かるのである。その場面は、気持ちを込めて、音読をすれば十分に味わうことができる。

　本実践では、分析的に読むのを導入部分と結末部分にしぼった。こうすることで、短い時間数で、資質・能力を高めながら、作品を読み味わうことができる。

　ただ、対役が誰か（何か）ということを本実践ではあえて触れなかった。メロスの人間的な成長において、王は対役にはなりえない。王によってメロスは成長したのではない。清水でもないだろう。では何か。解釈は難しいが、様々に考えさせてみたい。対役は、主人公が常にこだわっている、主人公とは対照的な存在である。それが「恐ろしく大きい」「訳のわからぬ大きな力」だと解釈し、「赤」い色が多用されていることと合わせて考えると、大きな発見があるだろう。

[須藤義一]

〔感性・情緒〕人物像の変化を捉える力／小説：「走れメロス」／実施学年2年

育てる 資質・能力

〔感性・情緒〕
主題を捉え、現代の問題へと発展して考える力

実施学年
3年

単元名▶**小説：「高瀬舟」**（森鷗外）

---

1 実践の概要……………………………………………

(1) 資質・能力の概要

　文学的文章を読むことにおいて、主題を的確に捉える力は大変重要である。主題を捉える
には、どのような人物がどのように変容していくか、出来事を通して人物同士がどう関わっ
て、どういう認識を獲得していくかを文章に即して捉える力が備わっていなければならない。

　さらに、捉えた主題を作品の中に閉じたものとせず、現在の自分とその置かれた社会の中
で考えていく姿勢を持つことは、よりよく生きる力を育てる深い学びにつながる。

　このようにして、「**文学には現代につながる人間や社会の問題が込められている**」という
「知恵」を持たせ、生涯にわたって文学に親しむ力としたい。

(2) 単元目標

・主人公の心情の変化から主題を捉えることができるようにする。　　　　　（知識・技能）

・主題を捉え、自分や社会の問題として的確に理解することができるようにする。

（思考・判断・表現）

・作品から現代の問題を捉え、自ら発展的に探究しようとする態度を養う。

（主体的に学習に取り組む態度）

(3) 学習ロードマップ

K1	P1	R1
K2	P2	R2
K3	P3	R3

K1：主人公の言動を読み取る。
P1：主人公の人物像を捉える。
P2：主人公の心情の変化を捉える。
K2：主題を捉える。
R1：主題を現代において捉え直す。
R2：現代の問題について発展的に探究する。
R3：探究した内容を発表し合う。

(4) 単元計画

第1時　今まで読んできた物語・小説をあげさせ、黒板に列挙する。次にそれらをどのよう
　　　　　な点に注目しながら読んできたかを問い、登場人物、時代背景、場面の変わり目な

54　　第2部　スキルコードで深める国語科の授業モデル

どの着眼点（学習用語）を確認する。そして、今回は自分たちの力で読み進もうと意欲を高めてから、本文の読みに入る。各自黙読で最後まで読み進め、読了後、登場人物とあらすじの確認を行う。

第2時 グループ学習。

5、6人のグループを作り、前半で主題をまとめさせる。喜助の話を聞いた庄兵衛の気持ちや考えがどう変化していくか。大きく二つのこと（「知足」と「安楽死」）が問題になる点を適宜助言しながら、まとめさせる。

後半は、教師が机間巡視しながら、生徒の側から「安楽死」の言葉があがったところを見計らって、調べ学習に移行する。そこでは、「安楽死」に加え「知足」という用語を提示して、その意味を辞書、インターネット等を使って調べさせる。

第3時 前時の成果を受け、班のなかで各自がどう思うかを話し合わせたうえ、班としての意見をまとめさせる。

第4時 班ごとに発表させる。全グループが発表した後、班の間で討論させる。

後半は、教師が「知足」「安楽死」について、生徒の理解の不十分な点を補足する。それぞれの定義と現時点での多様な考え方を整理し、誤りがあれば正す。

学習のまとめとして、学んだこと、感想を書かせる。

2 実践のポイント……………………………………………

本教材が提示する「知足」「安楽死」といった主題は今日でも取り上げられることの多い問題である。中学3年ともなれば、テレビ、新聞等のニュースを通して社会事象に様々な問題意識を持ち、知識欲も高まってくる。作品中には直接出てこないものの、グループ学習を通して「安楽死」という言葉にたどり着くに違いない。そこでは教師にも一定水準の知識と判断力が求められるので注意が必要である。このことに正しい知識と自分で判断するための材料を適切に与えることが大切である。この機会に、この言葉の持つ意味を正しく理解させ、命の大切さを認識させる学びに発展させることができる。文学作品から社会問題へと発展させて考える力を養い、「自ら調べ」、「自ら考え」、「他人と意見交換」する、すなわち主題についての現代の問題を探究するという経験を通して、「文学には、現代につながる人間や社会の課題が込められている」という「知恵」を認識させたい。

3 本時の展開（第2時）……………………………………

(1) 心情の変化を捉える

前半部分での主人公（庄兵衛）の心情の変化を、主人公の人物像、対役（喜助）との関係に着目してまとめましょう。（K1→ P1→ P2）

各自でノートにまとめさせ、グループで確認をして、代表者に発表させる。ノートはICT

〔感性・情緒〕主題を捉え、現代の問題へと発展して考える力／小説：「高瀬舟」／実施学年3年　　55

を使って全員が見られるようにする。
　　・喜助は身分に応じた生き方に満足している。
　　・喜助は遠島を気にせず、二百文をありがたがっている。
　　・喜助は欲がなく、足ることを知っている。
　　・喜助は弟の死を手伝ったという自分の罪を認め正々堂々としていること。
　　・庄兵衛は、喜助の人間性に触れるにつれ、喜助が罪人なのに感心するようになる。

(2) 主題を捉える

> 前半部分の主題はどのようなことでしょうか。（K2）

　　・現状の生活に満足をすること。
　　・足ることを知っていること。

　インターネットで、上記の言葉で検索をさせる。すると、「幸せな生き方」について数多くの結果が得られ、生徒たちにはこれが現代に通じる主題であることがわかる。

> 後半部分の主題はどのようなことでしょうか。（K2）

　　・安楽死

　これは生徒から出てくるので、作者の職業は何かを国語便覧で調べさせ、作品の背景への関心を高める。

(3) 主題を現代において捉え直す

> 現代にも同じような問題があるのではないでしょうか。（R1）

〔前半〕「足るを知る」
　　・清貧の思想というものを聞いたことがある。節約、倹約する生き方は大切だ。
　　・現代社会は、欲望の充足を求めて経済活動しているという側面がある。
　　・ほしいものを求めて働くのはいいこと。現状に満足せずに上を目指すことが大切。
　　・SDGsが求められている今こそ、この考え方で世界の問題が解決していくのではないか。
〔後半〕「安楽死」について
　　・死の間際にどんなに苦しんでも生きるべきか、安らかな死を選ぶかという問題が出さ

れていると思う。

・高齢化が進んだ日本で終末期をどう生きるかを考えるのは大切だ。
・命の問題について、病院で死ぬか自宅で死ぬかとか、延命治療を望むかなどの議論がある。
・安楽死は日本では認められていないが、認めている国もある。
・命はかけがえのないものだから、それをわざと短くするような措置はどうか。
・作者は医者だと学んだ。本来命を救うことが使命の医者が死の間際で苦しんでいる患者をどうするか、という問題が投げかけられているように思う。
・逆に、重度の障害者や難病患者の生きる権利を奪うようなことがあってはならない。
・優生思想の誤りなどをきちんと学習すべきだ。

4 授業改善の視点……………………………………………………

　優れた小説は、作品そのものから深い感動を得ることができる。加えて極めて現代的な問題を見せつけてくれるものである。本教材はそういう意味において、十分に現代的な課題を読者に突き付けてやまない。

　本単元においては、これまでの文学的文章の学習から得てきた方法、すなわち、登場人物の人物像の把握、人物の心情の理解、対役との関係における主人公の心情の変化の理解を発揮し、主人公の内面の変化を掴むことを第一に目指したが、加えて、二つの主題を生徒自らが現代社会に生きるものとしてどう考えるかということについて取り組ませた。

　したがって、発展的な学習として、「知足」「安楽死」についての調べ学習が欠かせない。そして大切なのは、二つの主題のどちらも一つの「正解」に導くものでなく、様々な考え方が現に存在するし、そのいずれも傾聴に値するものだという議論の多様性に触れさせることである。加えて発表会や討論を通じて、様々な考え方を学ぶと同時に、生徒の間での生の意見に触れ、賛成できるできないにかかわらず相手の意見を尊重するという姿勢を身に付ける機会とすべきである。

　そういった経験は、深く考えずに偏った見方に加わったり、異なる意見を感情的に攻撃したりといった昨今のインターネット上のトラブルなど、生徒を取り巻く困難な状況に対して、賢明な対処をする助けとなるのではないだろうか。

　今後の課題としては、同じような主題を扱ったほかの作品を読むことによって、多様な考え方・感じ方に触れたり、感想を語り合ったりすることによって問題意識を深めていくことが大切である。あわせて生徒の読書意欲を喚起したい。安楽死を取り上げたものとして、小説では南木佳士の「木肌に触れて」(『冬物語』所収)、ノンフィクションでは宮下洋一の『安楽死を遂げた日本人』などがあげられる。

〔辻　永〕

育てる 資質・能力

〔感性・情緒〕設定の変化を捉え、人と人との関わりについて読み深める力

実施学年 3年

単元名▶**小説:「故郷」**(魯迅)

1 実践の概要

(1) 資質・能力の概要

小説において、場面や登場人物の設定が変化する状況の中で、主人公がどのように生きるのかということには強いメッセージ性があり、自分自身の生き方を見つめ直すことにつながる。1年次には場面の設定と語り手について、2年次には登場人物の設定、人物像の変化について捉える資質、能力を高めてきた。本単元では、それらをもとに、自らの考えを広げたり深めたりし、特に人と人との関わりについて考えを深め、時代や社会の変化のなかで他者と共に生きていこうとする資質・能力を育みたい。

「文学から、生きる力を学ぶ」ことが、文学的文章の学習の最終的な「知恵」である。

(2) 単元目標

・場面や登場人物の設定を捉え、登場人物の心情について、作品の背景をふまえて理解することができるようにする。　　　　　　　　　　　　　　　　　　　　　　　　（知識・技能）

・登場人物の生き方を捉え、自らの生き方を考えることができるようにする。

　　　　　　　　　　　　　　　　　　　　　　　　　　　　　　　（思考・判断・表現）

・主題をふまえ、これからの時代や社会の変化の中で、自分自身の生き方についての考えを広げ、深める態度を養う。　　　　　　　　　　　　　　（主体的に学習に取り組む態度）

(3) 学習ロードマップ

K1	P1	R1
K2	P2	R2
K3	P3	R3

K1:登場人物の変化を表している箇所を文章から探す。

P1:変化の理由となる箇所を探す。

P2:主人公の心情の変化を捉える。

K2:登場人物同士の関わりからそれぞれの生き方を捉える。

K3:主人公の生き方について考える。

R2:登場人物の生き方から自己を顧みる。

R3:これからの時代や社会の変化の中で、将来の自分の生き方を考える。

58　第2部　スキルコードで深める国語科の授業モデル

(4) 単元計画

第1時 作品を読み、あらすじをつかむ。作品の背景にある社会事情を捉える。
第2時 「私」の帰郷の目的、故郷の変化について読み取る。
第3時 ルントウとヤンおばさんの変化の理由を考える。
第4時 「私」の心情の変化の理由を、多角的な視点から理解する。
第5時 登場人物同士の関わりを考え、作品の主題についてまとめる。
第6時 自分自身の希望や望む社会について考え、周りと交流をする。

2 実践のポイント‥‥‥‥‥‥‥‥‥‥‥‥‥‥‥‥‥‥‥‥‥

　教材文は、故郷への帰郷・離郷を通して、社会と自己の在り方を問題にした作品である。作品を読み進めると、生徒はルントウやヤンおばさん、故郷がなぜこれほど変化してしまったのかという疑問を持つ。二人の変化が社会の現実を象徴する関係にあり、中国の時代背景が影響しているということを、社会科の学習とも関連させながら考えさせたい。

　抽象的な「希望」という言葉、作品の最後のメッセージに至るまでの「私」の気付きを、「語り手」の立場から捉えさせ、人間、社会について自分の意見をもたせていきたい。主人公が時代や社会の変化の中で人との関わりを捉え直しながら希望を見出していくことを追体験し、変化の中で自分を見つめ、前を向いて生きる姿勢に導きたい。

3 本時の展開(第4〜5時)‥‥‥‥‥‥‥‥‥‥‥‥‥‥‥

(1) 主人公の心情の変化を考える

> クライマックスはどこですか。(P1)
> その時、主人公の心はなぜ、どのように動いたのですか。(P2)

　クライマックスを探すことで主人公の心情の転換を考えるという1年次から行ってきた学習を、個人学習・グループ学習でできる限り主体的に行わせる。

① 「私は身震いしたらしかった。」
　・ルントウとの関係が以前と違うことに気付いたため、衝撃を受けた。
　・「らしかった」という表現には、その時はあまりの驚きに自分の様子が自覚できなかったということが語り手の「私」の視点から示されている。
　・身分差が二人の距離を隔ててしまったとその時初めて感じた。

② 「私も、私の母も、はっと胸をつかれた。」
　・ホンルとシュイションも将来は私とルントウのようになってしまうと感じたため、また衝撃を受けた。
　・母から、ルントウやヤンおばさんの心がすさんでしまった様子を聞いて、故郷がます

〔感性・情緒〕設定の変化を捉え、人と人との関わりについて読み深める力／小説:「故郷」／実施学年3年　59

ます遠くなっていくように感じた。
- 「自分の周りに目に見えぬ高い壁があって、その中に自分だけ取り残された」ように感じて気がめいった。

③「希望という考えが浮かんだので、私はどきっとした。」
- ルントウのことを心ひそかに笑った自分も、ルントウと同じだったことに気付いたため、さらに衝撃を受けた。
- ルントウが「偶像崇拝」で他のものの力に頼って生きようとしているのと、「私」が若い世代に希望を託そうとしているのは同じだと分かった。

(2) 登場人物同士の関わりを考える

1年次の「少年の日の思い出」での「語り手」の学習を振り返り、語り手である「私」が登場人物同士の関わりをどのように捉えているかを考えさせる。

> 主人公の心の動きに沿って、人物同士の関わりを、語り手の立場からまとめましょう。(P2)

①「私は身震いしたらしかった。」

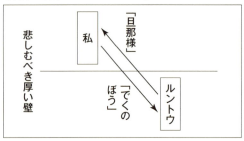

<語り手である「私」>
- この関係に初めて気づいた。
- 苦しい生活の中でもルントウが一生懸命に働いて家族を養い、「私」のためになけなしの作物を持ってきてくれたことを感謝できない。

②「私も、私の母も、はっと胸をつかれた。」

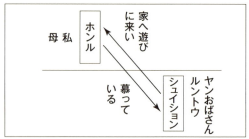

- 子供たちは対等だと思っているが、現実は違う。
- 故郷の人たちの心は変わってしまった。
- 故郷を離れることに未練はない。

③「希望という考えが浮かんだので、私はどきっとした。」

- 他のものに頼って自分から変えようとしないことは同じ。

(3) 主題を捉える

> 主人公は、どのようなことを伝えたいのですか。(K2)

・昔と同じような関係になれるのではないか。身分差がなく暮らせる生活を実現させたい。

・そのためには、誰もが自分の弱さを認めて、現実に向き合わなくてはならない。

題名の「故郷」から作品を振り返ってみましょう。

主人公にとって、「故郷」はどのようなものからどのようなものへと変わっていきましたか。（K2）

・昔は美しいものだった。「金色の丸い月」の風景で象徴されていた。

・しかし、身分差のある社会の現実は知らなかった。

・やま場の①で身分差に初めて気付いて、故郷の現実を知った。

・やま場の②で、故郷に失望をした。

・やま場の③で、自分自身にあった壁が壊れ始め、ルントウとのつながりが見え出した。

・結末で、「金色の丸い月」が目に浮かび、再び故郷とのつながりが生まれる道が見えてきた。

(4) 語り手である主人公の生き方を考える

語り手である「私」の生き方について、どう考えますか。（K3）

・大人になったルントウに会うまで身分差の現実を意識できないのは、身分が高い者らしい。

・ルントウへの差別意識が最後まで強い。

・故郷について何度も衝撃を受けて変わっていく様子に少し共感した。

・自分の弱さに気付いてよかった。

・この後は、自分から世の中を変えていこう、他の人たちと身分を超えて共に歩んでいこうとすると思う。

4 授業改善の視点

　メッセージ性の強い作品を読み解く中でも、場面設定、人物設定の理解など1年次から学んできたことが生かされた。特に、語り手の役割に注目をして、作品を単に受容するだけではなく、能動的に批評することができたと感じている。自分には壁があって、相手のことはよく見えていないという認識を、今回も「文学のものの見方・考え方」として育むことができた。冒頭で述べた「文学から、生きる力を学ぶ」という知恵を得たといえるだろう。

　汎用的な発問を中心に授業を展開したが、「言語活動を通して」ということを徹底するならば、場面ごとに紙芝居をする方法や、映画の絵コンテを印象的な場面で作成するという活動も考えられる。ただし、映像化は理解を浅く止めてしまう危険もある。理解を深めるためには、ルントウやホンル、シュイション、ヤンおばさんへの手紙をこの後の「私」の立場に立って書くというような、言葉を用いる活動がよいだろう。「批評」という点では、別の訳者の作品と表現の読み比べをするという活動が、メディア・リテラシーの学習としても効果的だろう。　［髙橋　央］

〔感性・情緒〕設定の変化を捉え、人と人との関わりについて読み深める力／小説：「故郷」／実施学年3年

育てる 資 質 ・ 能 力

〔伝統的な言語文化〕
先人の言葉遣いから、古典に親しむ力

実施学年
1年

単元名▶古文：「竹取物語」

---

1 実践の概要・・

(1) 資質・能力の概要

　本単元は、生徒たちが中学生になり初めて扱う古典作品であるということから、今後の学びの基礎となる知識「歴史的仮名遣い」と「古典のリズム」を身に付けさせる。また、前述の知識を基に作品を読み進めることで、**「古典には、先人の言葉へのまなざし、楽しみが詰まっている」**という「知恵」を持たせたい。これらの資質・能力は、これから生徒たちが活躍するグローバルな社会の中で、異文化理解への姿勢や、自国の歴史と伝統に誇りを持ちその魅力を伝えられるなど、生徒たちを支える基盤となるだろう。

(2) 単元目標

・歴史的仮名遣いに注意し、古文特有のリズムを味わいながら音読することができるようにする。
(知識・技能)

・物語や表現の工夫に着目して読んでいくことで、古典に親しむことができるようにする。
(思考・判断・表現)

・古典に興味や関心を持ってその世界に親しもうとする態度を養う。
(主体的に学習に取り組む態度)

(3) 学習ロードマップ

K1	P1	R1
K2	P2	R2
K3	P3	R3

K1：本文を音読し、歴史的仮名遣いやリズムに慣れる。
P1：本文の特徴的な表現を見つける。
P2：本文に散りばめられた言葉遊び、楽しみを発見する。
K2：言葉に込められた遊び心を理解する。

(4) 単元計画

第1時 歴史的仮名遣いに注意して冒頭部分を音読する。

第2時 冒頭部分での仕掛けや言葉の工夫を発見しながら、内容を理解する。

第3時 五人の貴公子のうち、「蓬莱の玉の枝」を読み、言葉の工夫を発見しながら内容を理解する。

第4時 五人の貴公子の、他の4つの話について、分担をして便覧を用いながら、言葉の工

夫を発見する。

第5時 結末部分での、登場人物同士の関わりを捉える。

第6時 結末部分の情景を捉え、帝の思いを考えるとともに、富士山に関わる言葉遊びを発見する。

2 実践のポイント……………………………………………………………

　現代語と古語の違いから多くの生徒が古典作品に興味を持てないでいる。そこで、本単元では言葉に着目して古典を楽しむということに主眼を置く。

　本教材は、「かぐや姫」として広く知られた物語の原典である。しかし、一般的に知られている「かぐや姫」と、内容に様々な違いがある。それを利用して興味関心を持たせることを、実践のポイントとした。

　自分が知っていた物語と原典との違いを明らかにするという経験を通して古文の言葉遣いに着目させ、古典には先人の言葉の楽しみが詰まっていて面白いということを実感させたい。

3 本時の展開（第2時・第6時）……………………………

〔第2時〕

(1) 歴史的仮名遣いを確認し、古文のリズムを味わう

　教師の範読に続いて、斉読をする。最初は、歴史的仮名遣いをそのまま読んでしまう生徒もいると思うが（いふものありけり）、「読みにくいですね。だから、読みやすいように『いうもの』と変わってきました。」と、発音の変遷について説明する。ペアやグループで何度も音読を行い、正しくスムーズに読めるようにする。また、繰り返し用いられている係助詞「なむ」や文末表現「たり」「けり」という言葉に着目させ、昔の言葉が特有のリズムを形成していることにも気付かせたい。

(2) 古語と現代語とのつながりを意識させる

　現代語にはない言葉に注目し意味を想像させる。

　「竹取の翁といふ者ありけり」の「ありけり」を想像させると、「あった」「いた」と答えるので、「昔話風にすると、どうなりますか。」と問うと、「あったとさ。」との答えが出る。

　「その通り。『けり』は自分が直接見たり、聞いたりしたのではなく、伝え聞いた時に使われました。語り手が昔のことを語って聞かせるようにしたのが『物語』です。」

　次に「なむ」に注目させる。教師が意図的に強く読んで、意味を想像させる。すると、「意味を強めている」などと答えるので、「今は文の最後に『〜だ<u>な</u>』と言うようになりました。『何と』と訳してもいいですね。」と説明する。

(3) 仕掛けや謎を解明する

　まずは1つ目の謎。これは最初の登場人物である「さぬきのみやつこ」の職業についてである。「名をばさぬきのみやつことなむ言ひける」は「その名をば、何と『さぬきのみやつ

〔伝統的な言語文化〕先人の言葉遣いから、古典に親しむ力／古文：「竹取物語」／実施学年1年　　**63**

こ』と言ったとさ。」ということだと確認をして、問う。

> 「さぬきのみやつこ」は本名ではなく、仕事の上での呼び名です。それは何でしょう。
>
> (P2)

「造」・「宮つ子」・「御家つ子」という漢字表記を示し、どのような職業かを想像させ、今で言う公務員に当たる職業であることを理解させる。

そして、なぜそのような身分の人が「野山にまじりて竹を取りつつ、よろづのことに使ひけり。」なのかを問う。

- ・年をとったので、自由きままな暮らしをしている。
- ・何かの罪で、仕事を首になった。

次に、下のように問う。

> かぐや姫はどうやって竹の中から出てきたのでしょう。(P1)

- ・おじいさんが斧で竹を切って出てきた。

> 「竹取物語」に、そのように書かれていますか。(K1)

多くの生徒がここで頭を抱える。本文には「竹を切った」という記述がないことから、今までの自分の考えが違っていたことに気づく。次に、切ったのではないとすれば、どのようにかぐや姫は外に出てきたのかを本文を根拠に想像させる。

- ・勝手に竹が折れてかぐや姫が中から出てきた。
- ・かぐや姫が内側から竹を切って出てきた。
- ・竹をすり抜けて出てきた。

一番良いものに手を挙げさせる。

３つ目の発問。

> 数字がいくつか出てきます。どんな数字ですか。(K1)
> どんな法則がありますか。(P2)

本文には、「一筋」「三寸」という数字が出現している。ここにどのような意図があるのかを推理していく。一・三という法則から次の五という数字を導き出し、今後の物語の展開を考えさせる。すると、「五人の貴公子」との答えが出る。また、この物語が描かれた当時は、中国の思想が色濃く反映されていることにも触れ、中国思想では奇数が縁起のよい数字とされていたことから、今後かぐや姫にとってよいことが起きる前触れであるなどと解釈をさせたい。

〔第６時〕「ふじの煙」

64　第２部　スキルコードで深める国語科の授業モデル

(1) 情景を捉える

音読をし、「かぐや姫」にはない結末であることを確認した後、問う。

帝は、どこで、何をさせたのですか。（K1）

・一番天に近い山、富士山の頂上で。
・不死の薬を使者に燃やさせた。

どうして「富士山」という名になったのですか。（K2）

・この時、たくさんの（富）、兵士（士）を連れて登ったから。
・「ふし」の薬を燃やしたから。

(2) 心情を捉える

帝は、なぜ手紙と不死の薬を燃やしたのですか。（P2）

・かぐや姫への思いを断ち切るため。
・かぐや姫への思いを天に届けるため。

「思いを断ち切るため」だと考える生徒が圧倒的に多いが、「ラストシーンは、どうなっていますか」と補助発問をしてさらに考えさせる。

・煙が今でも雲の中へ立ち上っている。
・不死の薬を燃やしたので、いつまでも煙は消えることがない。
・ということは、帝の思いがいつまでも天に昇っていくということだから、帝のかぐや姫への思いは永遠のものだ。

とてもロマンチックなラストシーンに、感動の声を上げる生徒もいる。

4 授業改善の視点……………………………………………

現代語訳にこだわる授業を改善する必要がある。逐語訳をしなくても、けっこう生徒は読めるものである。今回は、現代語とのつながりを意識させ、言葉遊びを発見することなどの学習活動を通して、生徒たちは非常に興味を持って古典の授業に取り組んだ。

しかし、今回は基本的に個人での活動であったため、受動的な面があり、活発な議論はできなかった。より生徒が積極的に取り組むことができるよう、たとえば、五人の貴公子の部分ではグループワークなどを取り入れることで、主体的に古文に向き合うことができるような工夫が必要であったと感じる。

［関 勇冴］

〔伝統的な言語文化〕先人の言葉遣いから、古典に親しむ力／古文：「竹取物語」／実施学年１年

育てる 資質・能力

〔伝統的な言語文化〕
訓読を通して、古典から知恵を得る力

実施学年
1年

単元名▶漢文：故事成語

---

1 実践の概要……………………………………………………

(1) 資質・能力の概要

　小学校学習指導要領、第3学年及び第4学年の「我が国の言語文化に関する事項」に、「長い間使われてきたことわざや慣用句、故事成語などの意味を知り、使うこと」とある。小学校では、故事成語を訳文で学ぶ。一方、中学校ではそれを漢文で学ぶ。

　そこで、既習事実であるという点を生かして、抵抗感なく漢文学習へと誘いたい。「訓読」という私たちの祖先の偉大な知恵を理解し、外国から言葉によって様々な知恵を吸収してきたことを、故事成語の学習を通して実感させ、**「古代からの知恵が、現代に生きる言葉の中に記憶されている」**という「知恵」に導きたい。

(2) 単元目標

・漢文の訓読の仕方を知り、正しく音読できるようにする。　　　　　　　（知識・技能）

・故事成語の現代における価値を理解し、ものの見方を広げることができるようにする。

（思考・判断・表現）

・漢文を、現代の生活の中に生き続けている言語文化として捉える態度を養う。

（主体的に学習に取り組む態度）

(3) 学習ロードマップ

K1	P1	R1
K2	P2	R2
K3	P3	R3

K1：故事成語のもととなった漢文を正しく音読し、内容を理解する。

P1：漢文訓読文の特徴を理解する。

P2：故事成語のもととなった漢文を解読する。

K2：故事成語には現代に通じる知恵が詰まっていることを理解する。

K3：故事成語の成り立ちの説明文を作る。

R2：他の故事成語についてその成り立ちを調べる。

R3：故事成語辞典を作る。

66　　第2部　スキルコードで深める国語科の授業モデル

(4) 単元計画

第1時 故事成語「矛盾」の成り立ちから、訓読を祖先の知恵として理解する。原文に訓点（返り点と送り仮名）を付け、成り立ちの説明文を作る。

第2時 各自で故事成語を調べ、第1時と同様の説明文を作成し、学級で「故事成語辞典」をまとめる。

2 実践のポイント……………………………………………

「故事成語」は中国の「故事」がもとになっており、それは「漢文」という形で祖先が受容してきたということを理解させる。かつての日本人が中国語を「漢文」という形で訓読してまで読みたかったのは、そこから知恵を得たかったからであり、古の日本人の探究心によって今の日本文化があることを、経験的に理解させる。

単元を通しての学習活動を、「故事成語辞典を作ろう」と設定する。単元の冒頭で、小学校で学習をした故事成語を思い起こさせて、抵抗感なく漢文の学習へ導き、祖先の異文化受容を追体験させることで、漢文とは何かを知恵として理解させる。後半は自分で故事成語を選んで、小学生にもわかるような説明文を作り、学級で一冊の辞典にまとめる。こうした主体的な学習活動を通して、一般常識としても求められる数多くの故事成語に親しませたい。

3 本時の展開(第1時)……………………………………

(1) 故事成語の知識を確認する

小学校で学んだ「故事成語」にはどのようなものがありましたか。(K1)

・推敲…文章を何度も練り直すこと。
・蛇足…余計なもの、不必要なもの。
・四面楚歌…周りを敵に囲まれ、孤立すること。

故事成語はどこの国で生まれた言葉ですか。(K1)

・中国

(2) 私たちの祖先の知恵を理解する

私たちの祖先は、中国語をどのようにして解読したのでしょうか。(P1)

「私たちの祖先は文字を持っていませんでした。では、たとえば『登山』という中国語を見たときに、どのように理解したと思いますか。」

〔伝統的な言語文化〕訓読を通して、古典から知恵を得る力／漢文：故事成語／実施学年1年　　**67**

・「やまにのぼる」と読んだ。

「そうです。『のぼる』『やま』という、祖先が使っていた言葉（やまとことば）を、同じ意味の漢字に当てて読んだのです。これを『訓読』と言います。漢字の『訓読み』も同じことです。『くによみ』の意味です。つまり、日本の国の読み方を漢字に付けて、そのまま翻訳できるようにしたのです。英語で言えば、『mountain』を『やま』と読むようにしたということです。」

「でもそれでは『のぼるやま』になってしまいます。」

・日本語の順番に合わせて読むようにした。

「その通りです。日本語と中国語は語順が違うので、日本語の語順に変える魔法の記号を考え出しました。それが『返り点』です。また、中国語にはない付属語を補いました。」

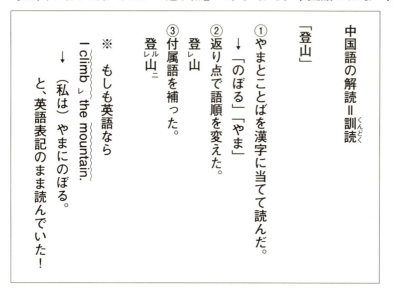

(3) 漢文を音読し、訓読の仕方を知る

| 漢文を訓読しましょう。どのような特徴がありましたか。（P1） |

・堅い感じがする。
・歯切れがよい感じ。

| 「矛盾」の言葉のもととなった部分はどこですか。（K1） |

・「子の矛をもって、子の盾を陥さばいかん。」

| その部分の原文を読んでみましょう。（P2） |

「以子之矛、陥子之盾如何。」を板書し、ノートに写すよう指示をする。

(4) 故事成語のよさを理解する

> 祖先にならって、これを解読しましょう。返り点と送り仮名を付けなさい。(P2)

> どのようなものが出てきましたか。(K2)

　・「矛」と「盾」
具体的な物が出てくるので、教訓話が強くイメージされるということを押さえる。

> 故事成語の成り立ちを、小学生に教えるための説明を作りましょう。(K3)

〈矛盾〉

原文
「以ニテ子之矛一ヲ、陥ニサバ子之盾一ヲ如何。」

訓読
「子の矛を以って、子の盾を陥さば如何(いかん)。」

説明
「あなたの矛であなたの盾をついたらどうなりますか」というつじつまの合わない様子から、「矛盾」は「つじつまのあわない」という意味になりました。

4 授業改善の視点……………………………………………

　小学校で学んだ「故事成語」が実は、漢文がもとになっていて、昔の日本人が知恵を得るために、中国語を日本語に直していたという事実を実感させることができた。

　漢文はなぜ学ぶ必要があるのか、という疑問を持つ生徒が大変多いが、漢文の訓読を通して、当時の先進国であった中国から、言葉を通して先進文化を学んできたことを知り、私達の言語文化を創っているのだと実感させることがその答えとなる。さらに、言葉の成り立ちへの興味を持たせるためには、身の周りの出来事から故事成語のように熟語を作る、いわば「新事成語」作りも楽しいだろう。また、中国語という外来語を日本語として定着させた日本人の知恵をさらに実感させるためには、英語を漢字の熟語にした明治期の先人の知恵を紹介し、最近のカタカナ語を漢字の熟語にする活動もおもしろそうである。

　「故事成語」の授業は、様々な方面に授業内容を展開できる単元であるといえるだろう。

[石川眞理]

〔伝統的な言語文化〕訓読を通して、古典から知恵を得る力／漢文：故事成語／実施学年１年　　69

育てる 資 質 ・ 能 力

〔伝統的な言語文化〕
古人のものの見方・感じ方を捉える力

実施学年
2年

単元名▶古文：「枕草子（春はあけぼの）」
（清少納言）

1 実践の概要

(1) 資質・能力の概要

　古典文学や外国文学には、その時代やその土地に生きる人々の暮らしや思想、社会の在り方が織り込まれている。本単元では、古文の言葉遣いやリズム感を通して異文化としての古典への理解を深めたい。異文化理解は、自身のものの見方・感じ方との違いを認めることと、異なる中にも何かしらの普遍性を見いだすことの二面性を持つと考える。作品の言葉から作者のものの見方・感じ方を読み取ることを通して、**「古典の言葉にはいにしえからのものの見方・感じ方が宿っている」**という「知恵」を身に付けさせる。

　なお、中学１年では「竹取物語」を通して、作り物語としての展開のおもしろさと言葉の楽しみを味わった。この「枕草子」では、平安時代の雅な宮廷生活に思いを馳せ、清少納言のものの見方・感じ方を捉えるとともに、現代の自身の季節感と比較することで古典の世界を体感させる。そして、中学２年の後期に控える「平家物語」「徒然草」における「仏教的無常観」に対する理解へとつなげたい。

(2) 単元目標

・古文の言葉遣いやリズム感を捉え、描かれている情景を読み取ることができるようにする。

（知識・技能）

・情景描写の巧みさを読み味わうとともに、当時の生活や文化を踏まえた上で、作者のものの見方・感じ方を捉えることができるようにする。　　　　（思考・判断・表現）

・同時代に活躍した紫式部をはじめ、他の古典文学や作者に関心を持ち、古典に関する書物を主体的に読もうとする態度を養う。　　　　（主体的に学習に取り組む態度）

(3) 学習ロードマップ

K1	P1	R1
K2	P2	R2
K3	P3	R3

K1：音読を通して古文の言葉遣いとリズム感を捉える。

P1：描かれている四季折々の情景を読み取る。

K2：作者のものの見方・感じ方を捉える。

R1：平安時代の生活や文化、時代背景を調べる。

P2：平安時代の生活と、現代の生活や自分の季節感とを比較する。

P3：現代版「枕草子」を考える。

R2：他の古典文学作品（三大随筆である「方丈記」「徒然草」など）や作者（紫式部や和泉式部との関係性など）について調べる。

(4) 単元計画

第1時 「枕草子」の原文を朗読し、言葉遣いやリズム感を捉えるとともに、教科書の現代語訳を手がかりに、情景描写を読み取る。

第2時 「枕草子」の構成や文体の特徴を踏まえ、作者の人物像や時代背景を知る。現代における自身の季節感と比べながら、作者のものの見方・感じ方を理解する。

第3時 各自が考えた現代版「枕草子」を発表し、感想を述べ合う。

2 実践のポイント……………………………………

　「春はあけぼの」については、現代だったら、自分だったら、という観点で季節の風物を考えること、宮廷生活の在り方や清少納言のものの見方・感じ方を理解することを通して、清少納言が描く情趣を古語の細やかな語彙とともに実感することで、自ら古典に触れていく源としたい。

3 本時の展開（第2時）……………………………

(1) 表現や言葉遣いの特色、作者独自の美意識を確認する

　第1時の最後に生徒から挙がった意見を確認する。

どのような表現の特色がありましたか。（P1）

- 「春は○○」「夏は○○」というように、段落ごとの書き出しが統一されている。
- 季節ごとに、作者の「をかし」と思った事柄が並んでいる。
- 各段落は、時間帯を示すことで始まる。
- 短い文体で、テンポよく展開している。
- 述語（主に「をかし」）を省略している箇所が多い。同じ言葉を何度も繰り返さないのでリズミカルな印象がある。
- 視覚だけでなく、聴覚（「虫の音、風の音」）や気温（「寒きに」）にも注目している。
- 情景が目に浮かぶような映像的な表現をしている。

内容や表現で気になったこと、疑問に思ったことは何ですか。（P1）

- 「あけぼの」と「つとめて」はどう違うのか。
- 夜明けの空が変化していく様子は見たことがない。清少納言は早起きなのか。

〔伝統的な言語文化〕古人のものの見方・感じ方を捉える力／実施学年2年　71

- 「をかし」「つきづきし」とふさわしいものを次々と挙げてきて、最後だけ「わろし」なことを述べたのはどうしてか。
- 同じ「趣がある」ということを伝えるのに、「をかし」と「あはれなり」を使っている。

> 疑問点を整理しましょう。(P2)

挙がった疑問点の中から、今回取り上げるポイントを黒板に示す。
① 宮廷生活　　② 「をかし」と「あはれなり」　　③ 清少納言はどんな人？

(2) 調べた事柄を発表する

前週の週末に、副教材（国語便覧や準拠問題集など）に掲載されている「枕草子」に関する数々の資料を読み、興味を持ったこと、初めて知ったこと、考えたことをまとめる課題を出した。その調べ学習をもとに、疑問点を解決していく。グループで話し合い、代表者が発表する。

> 気になったこと、疑問点を解決するために、どのような資料が役立ちますか。(R1)

調べ学習に用いた副教材の中から、効果的な資料を選ぶ。
①『女房たちの日常（衣食住）』『女房たちの楽しみ』『宮廷生活』
　（特に、夜のすごし方や夜明けから朝にかけての時間帯を表す言葉に注目させる）
②『「をかし」の清少納言と「あはれ」の紫式部』
③『清少納言のきらめく感性』『オリジナルの自然観』『花開いた女流文学』

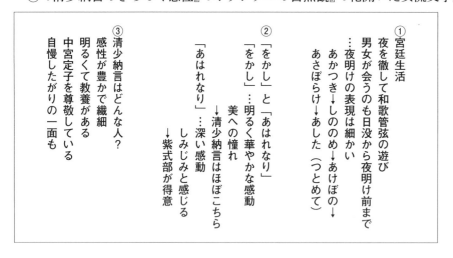

最後に、感想を各自まとめる。

> 調べ学習と話し合いを通して、分かったこと、考えたことをまとめましょう。(R2)

- 食事が一日二回、外出が自由にできないなど宮中の生活が現代とはかなり違っている

ことがわかった。しかし、夜通し和歌を詠んだり管弦楽を楽しんだりしていたのは、現代の若者が徹夜でカラオケしたり騒いだりするのと似たような感覚なのかなと思った。
・夜明けの時間帯を表す言葉がたくさんあることに驚いた。時刻ではなく、空の様子や色をもとに名づけられていることから、いかに空が明るくなるのを気にしながら別れを惜しんでいたかがわかる。
・清少納言は、教養に富み、観察眼や批評精神も優れているから説得力がある。ずばずば言いたいことを述べていて気持ちがいい。話してみたいけれど、自信家のようなので友達にはなれないかもしれない。
・清少納言と紫式部がライバル関係だったのが興味深い。本人同士だけでなく、仕えている中宮定子と彰子、その父藤原道隆と道長から続く政治的側面も含めた関係性は現代では考えられない。社会のあり方や考え方が異なっている。

(3) 作者のものの見方・感じ方を捉える

次時、各自が考えた、現代版「枕草子」を発表し合うことを予告する。

> 見る人（読む人）に的確に伝えるには、清少納言のどのような点をまねるとよいと思いますか。（K2）

・「春は○○」「夏は○○」で始め、その後に具体的に説明する。
・長々と説明せず、端的に述べる。よいものはよい、嫌なものは嫌だと、潔く言い切る。
・情景が浮かぶように、色彩や映像的な描写を多くする。
・常識にとらわれず、人が気付かないような事にも目を向ける。

4 授業改善の視点

　古典教材は、知識の習得に偏重しがちである。その中に、いかに生徒自身の思考や判断、表現の場を設定するかに苦慮したが、授業前に課題として調べ学習をさせたことが、習得した知識をもとに疑問点を解決しようとする学びの姿勢につながった。
　また、第3時の終わりには、古典への入門として『田辺聖子の古典まんだら』（田辺聖子）、『枕草子REMIX』（酒井順子）、『使える！「徒然草」』（齋藤孝）、『永井路子の方丈記・徒然草』（永井路子）、『恋する伊勢物語』（俵万智）、『女人源氏物語』（瀬戸内寂聴）などを紹介した。これを契機に他の作品にも触れ、古典文学への橋渡しとなることを願う。
　何を手がかりに、どのような資料を調べればよいか、それをどう確かめていくかという過程も今後は学ばせる必要がある。

［福川章子］

生徒の「現代版枕草子」

育てる 資 質 ・ 能 力

[伝統的な言語文化]
情景を想像し、古人の心情を捉える力

実施学年 2年

単元名▶漢詩：「漢詩の風景」(石川忠久)

---

1 実践の概要

(1) 資質・能力の概要

　小学校高学年で故事成語に触れ、１年生で故事成語から漢文訓読を学んだことを踏まえて、本単元では中国から古典を受け入れてきた先人の言語文化を継承する態度を養いたい。また、書下し文の朗読を通して「漢文調」に慣れさせることも心がけたい。生徒たちは、漢詩に触れるのは初めてである。「春暁」の解説文を利用して「句」をはじめ漢詩の基礎知識を身に付けさせるとともに、今でも文章構成の基本となっている「起承転結」という構成及び、前半と後半の対比的な展開に従って内容把握に努めさせたい。そして、人間と自然の関わりに思いを巡らし、自然描写から心情を読み取る習慣を身に付けさせたい。そのことは、俳句や小説の情景描写など、今に伝わる文学の見方・考え方である。このように、「**漢詩の構成と心情表現の仕方が、今に伝え継がれている**」という「知恵」を身に付けさせたい。

　漢詩の鑑賞において、情景の想像と心情をとらえる力を養うことは大変重要である。作品世界の広がりは個々人において異なるものであり、鑑賞の仕方によっては底の浅いものになり、全く作品世界に近づけずに終わってしまう。日常のありふれた出来事から何事かを「感じる」力の未熟な生徒が増えている昨今、一語一語を大切に読み解く学習を通して、作品の主題に迫っていく学習は、生徒たちに「考える」ことの重要性を投げかけるものとして有効ではないだろうか。

(2) 単元目標

・漢詩の特徴を生かして朗読することができるようにする。　　　　　　　　（知識・技能）

・漢詩に詠われている情景を想像し、古人の心情に触れることができるようにする。

　　　　　　　　　　　　　　　　　　　　　　　　　　　　　　　　　（思考・判断・表現）

・情景と心情とをつなぐ伝統的な言語文化を継承しようとする態度を養う。

　　　　　　　　　　　　　　　　　　　　　　　　　　　　　（主体的に学習に取り組む態度）

(3) 学習ロードマップ

K1	P1	R1
K2	P2	R2
K3	P3	R3

K1：漢詩のきまりを理解する。

P1：漢詩の表現の特徴を理解する。

P2：漢詩の構成と心情表現をまとめる。

K2：漢詩特有の心情表現を理解する。

P3：七五調で和文訳を作る。

(4) 単元計画

第1時 漢詩の基礎的な知識を押さえるとともに、特有の言葉遣いやリズムに注意して朗読する。それぞれの詩の言葉の特徴や漢詩の特徴を表にまとめる。

第2時 漢詩特有の言葉遣いやリズムに注意して朗読する。三編の漢詩や鑑賞文をもとに、季節や情景、作者の心情を表にまとめる。

第3時 漢詩の情景や作者の心情をイメージして朗読する。三編の詩から好きな一編を選び、七五調の和文訳を作る。

2 実践のポイント……………………………………………………

　教材文は、漢詩研究の第一人者である筆者の、非常に分かりやすい漢詩入門である。その解説文を読んで自らまとめることで、主体的に学習をさせたい。訓点は書下し文の朗読を通して意識させ、自然に返り点などを理解させるようにする。知識の習得にばかり目を向けると詩そのものから何事かを感じようとする意欲をそぐことになりかねない。指導する場合にはその点を十分に考慮して作品そのものを味わわせることに留意したい。

　それぞれの漢詩について、最終目標を「七五調で漢詩の訳文を作ろう」と設定する。そうして主体的に活動させることで、知識習得型の受動的スタイルから脱却できるであろう。ただ単に訳をするよりも、適度なハードルになり、達成感が得られる。また、日本の代表的な韻文での詩作行為によって、異文化を発展的に受け入れてきた私たちの祖先の知恵を受け継ぐ契機となるだろう。

3 本時の展開（第2時）……………………………………………

(1) 漢詩を音読する

　範読し、一句ずつ斉読する。そして、感想を述べさせる。

・一句が短い。

・言葉遣いが難しい。

・響きがかたい感じ。

・リズムがよい。

［伝統的な言語文化］情景を想像し、古人の心情を捉える力／漢詩：「漢詩の風景」／実施学年2年　　75

(2) 漢詩の構成を理解する

> 四行で組み立てられていますが、この組み立てを表した四字熟語があります。それは何でしょう。（P1）

・起承転結

「起承転結」を確認しながらノートに漢文と書下し文を書き写させる。

「起承転結」は、現在でも文章の構成の基本的な型となっていることを押さえる。

(3) 漢詩の構成に沿って情景をまとめる

> 詩の中にはどのようなものが出てきましたか。ノートに線を引きなさい。（K1）

・春、暁
・鳥
・夜、風雨
・花

> 各自の好きな表現や気になる語句を意識して、「春暁」に描かれている季節や情景をノートにまとめましょう。（P1）

・季節は春。
・春の眠りの心地よさを、朝になったことに気づかないと表現。
・外はいい天気らしく、あちらでもこちらでも鳥の声が聞こえる。
・前半の明るい情景から暗い雰囲気へと一変する。
・庭一面に散り敷いた花びらが、ぱっと広がる。朝日を浴びていっそう鮮やか。

> 作者の状況や心情について、教科書の鑑賞文をもとにノートに書き加えましょう。（P2）

・非常に気持ちがいい。
・春になった喜びを感じている。
・寝床の中にいて、明るくのどかな気分に浸っている。
・故郷で自適の暮らしをしている。
・あくせくと過ごす人々に対して悠然と自然に溶け込んで生活している。

　漢詩は一句が五字または七字と字数が決まっている定型詩であることを確認し、日本の定型詩にはどういうものがあるかを問う。俳句、短歌が出たところで、字数を確認し、五字・七字の組み合わせであることを押さえる。標語など身近なものにも五字・七字の組み合わせがあることを確認し、校歌（多くの校歌は七五調である）が七・五の組み合わせであることに気付かせ、「七五調」という言葉を教える。

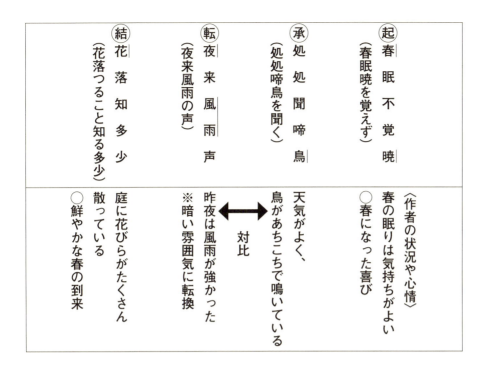

(4) 七五調で和文訳を作る

ノートの下の段に書いた状況や心情をもとに、七五調で訳詩を作りましょう（P3）

〈生徒作品例〉
春の眠りは
朝ねぼう
あちらこちらで
鳥が鳴く
昨日の夜から
雨風が
落とした花は
数知れず

4 授業改善の視点

「解説文を読んで自らまとめる」という点では「主体的に活動」させることができ、一定の成果は残した。しかし、教科書中の言葉をそのまますべて抜き書きしてしまう生徒もおり、短い言葉でまとめさせる指導が必要である。最後の「七五調の和文訳を作らせる」学習活動には皆楽しく取り組み、詩人になった気分も味わえたようである。

ただ、漢詩そのものについては、依然として抵抗感が強い様子であり、音読を楽しむことを通して漢詩のリズムに慣れ親しませる指導が必要である。そこで、「読み方コンクール」「群読」など、さまざまな方法を試みたい。また、ICTを活用して抵抗感を払拭することもできるだろう。たとえば、情景にあった写真をインターネットで探して「写真漢詩」を作成させ、漢詩の情景を立体的に捉えさせるという方法も考えられる。実際の漢詩の風景については、NHK『10minボックス「漢文(2)漢詩」』を視聴して参考にするとよいだろう。　　［渡部昭則］

育てる 資 質・能 力

〔伝統的な言語文化〕 歴史的背景を踏まえ、古人の生き方を受け継ぐ力

実施学年 **3年**

単元名▶古文：「おくのほそ道」(松尾芭蕉)

1 実践の概要

(1) 資質・能力の概要

　古典学習の仕上げとして、古典から古人の生き方を学ぶ。本単元において、作者をつき動かしたものは先人への憧れであり、それは古典学習の目的とも重なるものである。

　わが国の伝統的な短詩型文学の世界を、連歌と俳句の関係も理解しながら学ばせていきたい。さらに、歴史的背景などに注意して古典を読むことを通して、その世界に親しむという学習指導要領の内容に本単元は大変適している。ただし、教材文は漢文調でリズミカルではあるが、生徒には読みにくいので、表現の特徴を発見しながら興味・関心をひいていきたい。このようにして、古典の世界が持つ魅力を味わい、「**時代や国を超えた先人への思いが、文学となって受け継がれる**」という古典の本質を、「知恵」として生徒たちにも継承させたい。

(2) 単元目標

・古文を読んで、表現の仕方や文体の特徴を捉えることができるようにする。（知識・技能）
・人生や自然に対する古人のものの見方や感じ方を捉えることができるようにする。

（思考・判断・表現）

・古人の思いや考えに共感し、自分の表現に生かそうとする態度を養う。

（主体的に学習に取り組む態度）

(3) 学習ロードマップ

K1	P1	R1
K2	P2	R2
K3	P3	R3

K1：歴史的背景を理解する。
P1：表現の工夫を捉える。
P2：文章と句から、作者の思いを捉える。
K2：作者の人生観を捉える。
P3：付句をして、作者の思いを表現する。
R2：自分が旅をしたい地に関連した俳句・短歌を集める。
R3：俳句・短歌を引用して、紀行文を作る。

(4) 単元計画

第1時 「おくのほそ道」の冒頭部分を読み、作者の「旅」に対する考えを読み取り、現代の旅との共通点を考え、その具体例として、「那須」で、西行の新古今「道の辺に」の和歌に思いを寄せた句を詠んだことを提示する。

第2時 「平泉」前半を読み、脚注や歴史的背景を参考にしながら、句に表れた作者の思いを捉える。

第3時 「平泉」の後半を読み、前半と対比させながら、句に表れた作者の思いを捉える。

第4時 自分が今旅をしてみたい場所に関連する短歌や俳句を集め、それらの歌をもとに「私の紀行文」を書いてみる。

2 実践のポイント‥‥‥‥‥‥‥‥‥‥‥‥‥‥‥‥‥

　教材は紀行文であるが、「人生は旅である」という見方・考え方に生徒を共感させることは難しく、当時の旅が命がけであったという現代の旅との違いを確認することも、作品との心理的な距離を大きくしてしてしまう。そこで、作者との共通点を現代に見出して距離を近付けるために、近年大ヒットした映画から流行した「聖地巡礼」を生徒たちに想起させる。
　本単元の「おくのほそ道」は芭蕉が敬愛する中国の詩人である杜甫・李白や日本の詩人である西行などを想起させることで、芭蕉にとっての「古典」の世界を、さらに現代の我々が「古典」として読み味わうという二重構造が含まれており、時代や国を越えた大きな文学の流れが日本人の心に受け継がれているということを意識させたい。

3 本時の展開(第3〜4時)‥‥‥‥‥‥‥‥‥‥‥

(1) 表現の特徴を見つける

> 数字が出てきたら、傍線を引きなさい。(P1)

　このように、分かりやすい着眼点を示すことで、生徒たちにとって難しい文章が格段に読みやすくなる。

〈前半〉

・三代の栄耀一睡のうちにして、大門の跡は一里こなたにあり。

・功名一時の草むらとなる。

〈後半〉

・二堂開帳す。

・経堂は三将の像を残し、光堂は三代の棺を納め、三尊の仏を安置す。

・七宝散り失せて、

・四面新たに囲みて／千歳の記念

〔伝統的な言語文化〕歴史的背景を踏まえ、古人の生き方を受け継ぐ力／古文:「おくのほそ道」／実施学年3年　　79

・五月雨

> 前半と後半で、それぞれ数字にはどのような特徴がありますか（P2）

・前半は「一」が多い。
・後半は「一」以外の数字が文章の中では多くなっていく。

(2) 前半の情景を捉える

　生徒たちには、見慣れない名称がたくさん出てきて非常に抵抗感が強く感じられる文章なので、地図と照らし合せて探すというゲーム的な要素を取り入れた活動にすることで、抵抗感を下げる。

> 文章に出てくる場所を地図から探しましょう。（K1）
> 出てきた場所はどのような所か、二つに分類しましょう。（P2）

・人工物…大門、秀衡が跡、高館、和泉が城、泰衡らが旧跡、衣が関
・自然物…金鶏山、北上川、衣川

(3) 句から作者の心情を想像する

> 「夏草や」の句に込められた作者の思いはどのようなものだったのでしょうか。なぜ「時のうつるまで涙を落とし」たのかを考えながら想像しましょう。（K2）

・命をかけて戦った武士たちへの思いがこみあげてきた。
・憧れの杜甫への気持ちとも重なった。

> 作者はどのような「聖地」を巡礼したのでしょうか。（K2）

・源義経が追い詰められて亡くなった場所。
・義経を守ろうとして忠義の臣が戦った場所。

(4) 後半を前半との対比でとらえる

> 後半を、数字に着目しながら、声を出して読みましょう。（K1）

> 作者が巡礼した場所はどのような所ですか。写真を見ながら考えましょう。（P2）

・金色に光り輝いている。
・建物におおわれて、守られている。

> 「五月雨の」の句に込められた作者の思いはどのようなものだったのでしょうか。(K2)

・光堂が残っていることに感動している。
・雨が降れば金ははがれてしまうだろうが、ここだけ降らなかったのだろうか。
・光堂がずっと残っているのは古の人たちが建物でおおって、守ってきたから。
・前半では昔の跡が全て消えてしまったのに、ここは残っている。

旧覆堂（大岡實建築研究所HPより）

(5) 作者の人生観を捉える

> 作者の「聖地巡礼」の思いを、それぞれの句に七七で付け句をしてみよう。それぞれの古人への思いを対比的に表現しましょう。(P3)

「夏草や兵どもが夢の跡」
・義経守る兵いづこ
・義臣の心どこかへ消えた
・人の栄華ははかなく消える

「五月雨の降り残してや光堂」
・金の仏像雨にも負けず
・今に伝える先人の知恵
・栄華の姿思いが守る

4 授業改善の視点

「聖地巡礼」という、生徒たちに共感しやすいテーマによって、漢文調の抵抗感を薄め、紀行文としての「おくの細道」を味わわせることができた。

歴史的背景については、社会科と連携をしてさらに深く学ばせたい。

紀行文を作ることについては、修学旅行と関連した学習にすると、より関心・意欲が高まるだろう。

〔髙木誠一〕

育てる 資 質・能 力

〔伝統的な言語文化〕
訓読のよさを知り、先人の知恵や生き方を学ぶ力

実施学年
3年

単元名▶漢文：「論語」(孔子)

---

1 実践の概要……………………………………………………

(1) 資質・能力の概要

　古典には、先人の知恵や生き方がつまっている。これから自身の夢に向かって歩んでいく生徒にとって、現代に読み継がれている孔子の言葉に触れることは、自己のあり方や将来に思いをはせる時間となり、考えを広げ、深め、共有する学習活動として最適である。そして、その先人の知恵や生き方は、漢語の堅固な語感や漢文の端的で力強い響きによって生徒たちに迫ってくるのである。そうした漢文訓読のよさを理解し、自分自身の生き方を考える経験は、**「漢文には己を正す強い力がある」**という「知恵」を獲得することになるだろう。

　これまでに、1年生での故事成語、2年生での漢詩の学習を通して、訓読の基礎については習得している。本単元では、音読を通して、訓読のよさを理解し、先人の生き方や知恵を漢文から習得させたい。

(2) 単元目標

・訓読の仕方に習熟し、漢文特有の言葉遣いを捉えながら漢文の文体に慣れ親しむことができるようにする。　　　　　　　　　　　　　　　　　　　　　　　　　　　　　（知識・技能）

・漢文に表れている人としての生き方を解釈し、自分の意見を持つことができるようにする。　　　　　　　　　　　　　　　　　　　　　　　　　　　　　　　　　（思考・判断・表現）

・論語の様々な章句を自ら読み味わい、先人の知恵をもとに自分自身の意見を持つ態度を養う。　　　　　　　　　　　　　　　　　　　　　　　　（主体的に学習に取り組む態度）

(3) 学習ロードマップ

K1	P1	R1
K2	P2	R2
K3	P3	R3

K1：正しく訓読する。
P1：漢文由来の言葉を知る。
P2：訓読のよさを理解する。
K2：漢文を解読して生きるための知恵を得る。
K3：自分の座右の銘にする。
R1：「論語」の中からテーマを決めて好きな文章を探す。
R2：自分なりに解釈する。

R3：座右の銘にして、ものの見方・考え方を深める。

(4) 単元計画

第1時 訓読の仕方について復習し、教科書に掲載されている4つの文章を繰り返し音読する。その中で各自好きな文章を1つ選び、どのような点によさを感じるのか発表する。最後に、「論語」と「孔子」について学ぶ。

第2時 漢文と現代語のつながりを学び、漢字を辞書で調べながら解釈する。また、訓読の特徴を考えて、そのよさを理解する。

第3時 「論語」の他の章から座右の銘にしたいものを選び、解釈をまとめる。

2 実践のポイント……………………………………………………

　訓読の仕方を原理的に教えるのは、普段使わない漢字や記号への抵抗感が生じてしまい、あまり効果が上がらない。まずは音読を繰り返し行って、語感やリズムの良さを体得させたい。その上で、短い言葉の中になるほどと思わせられる知恵が詰まっていることを、「解読」して「座右の銘」にするという主体的な経験を通して実感させ、生涯にわたって「論語」に親しむ契機としたい。

3 本時の展開(第2時)……………………………………………

　「前時では、漢文を訓読することで、何となく意味がわかりました。訓読というのは『くによみ』つまり日本語訳をしたからです。でも、古代中国の文章ですから、わからない部分もあることでしょう。孔子の言葉を弟子たちが後世に残すために書き記した『論語』を、解読していきましょう。」

(1) 漢文特有の言葉遣いを捉える

> 「学びて時にこれを習ふ」から生まれた熟語は何ですか。(P1)

　・学習
「私たちが使っている言葉の中には、漢文から生まれた言葉がたくさんあります。」

> 「時に」とはどういう意味ですか。(K1)

　・時々
「時々復習をすればいいのですか。漢和辞典で調べてみましょう。」
　・適当な時期
「次に、『習』を調べてみましょう。この漢字はもともとどのような意味だったのでしょうか。」

〔伝統的な言語文化〕訓読のよさを知り、先人の知恵や生き方を学ぶ力／漢文：「論語」／実施学年3年

・鳥が何度も羽を動かす動作を繰り返すことを表している。

(2) 漢文を解読する

では、なぜ「学びて時にこれを習ふ」ことがそんなにうれしいのでしょうか。
「時」と「習」の意味から解読をしましょう。(K2)

・学んだことを、機会を見つけて何度も繰り返し復習すると、学んだことがだんだんよくわかり、自由自在に活用できるようになるから。
・知識が知恵になるから。

自分自身に同じような経験がありますか。(K3)

・英語の文法が会話で使えるようになった。
・数学の公式が応用問題でも使えるようになった。

(3) 訓読のよさを理解する

論語の言葉は四字熟語にもなって現代でも使われています。「故きを温めて新しきを知れば」は、どのような四字熟語になっていますか。(K1)

・「温故知新」

意味を国語辞典で調べましょう。(K1)

・昔の事をたずね求めて、そこから新しい知識・見解を導くこと。

訓読と辞書の意味つまり現代語訳とでは、どちらが心に残りますか。(P1)

・訓読のほうが心に残る。

それはなぜですか。(K2)

・リズムがよく、耳に残るから。
・簡潔で力強いから。
「それが訓読のよさですね」とまとめる。

(4) 自分なりの解釈をする

「温」は、「あたためて」と「たづねて」と2通りの説があります。それぞれどのような

意味になりますか。辞書を使いながら、自分なりに解読をしてみましょう。(K2)

- 「あたためて」…「古いもの、冷えたものを、もう一度あたためてよみ返らせる」ことから、もう忘れ去られてしまったようなことをよく研究して、その価値を現代によみ返らせること。
- 「たづねて」…「探し求める」ことから、過去からの知識の中から現代に役に立つことを広く探し求めること。

「『たづねて』は、この漢文を翻訳しようとした私たちの祖先が、意味の上から当てた訳語です。『あたためて』は漢字に合わせて当てた訳語です。祖先も、様々な解読をしていたのですね。」

(5) 漢文を座右の銘にする

「4つの文章は、『学ぶ』『知る』ということがテーマでした。テーマに沿って改めて1つを選んで、自分なりに解読をし、訓読文と解読文を色紙に書いて、座右の銘にしましょう。訓読文は、文章を全部書いてもいいですが、一文を選んでも結構です。」(K3)

4 授業改善の視点……………………………………………

漢文学習は単なる意味の理解ではなく、そこから先人の生き方を知り、知恵を得ることができると気付いた生徒が多くいた。漢文のリズムに親しみ、文体に慣れ、先人の生き方から教訓を得るという知恵を獲得したことは意義深い。

「教訓」からは多くの知恵を得ることが可能である一方、ときに押しつけと感じてしまう生徒もいるため、注意をする必要がある。解釈を一方的に与えるだけにならないようにしたい。孔子はブッダやイエスと並び称される聖人だが、奇跡は起こさない。挫折や不遇の多い人生で、弟子たちにも様々な者がおり、非常に人間味がある。下村湖人『論語物語』(講談社学術文庫) など関連書籍を紹介することで、より親近感がわくだろう。

単なる訓読の練習を超えて、昔の人のものの見方や考え方を知り、自分自身のものの見方や考え方を深めることができれば、高校での漢文学習がより意義深いものになるだろう。

［髙橋　央］

〔伝統的な言語文化〕訓読のよさを知り、先人の知恵や生き方を学ぶ力／漢文:「論語」／実施学年3年　　85

育てる資質・能力

〔論理的思考〕接続語と文末表現に着目して、段落相互の関係を捉える力

実施学年 **1年**

単元名 ▶ 説明的文章:「ダイコンは大きな根？」
（稲垣栄洋）

1 実践の概要

(1) 資質・能力の概要

　小学校第3・4学年で学習した「段落相互の関係」と第5・6学年で学習した「文章全体の構成」について改めて確認し、形式段落から意味段落、文章全体へと内容を捉え、筆者の主張を理解するという説明的文章の読み方の基本を定着させる。

　説明的文章は、「問題提起」と「答え」という型を持つものが多い。読者に問いかけをして興味と関心を持たせ、説明したい内容や自己の主張へと導くという構成をとる。この構成を捉えることで、文章の主題や筆者の主張が把握しやすくなる。問題提起と答えを見つけるために、文末に着目をさせる。

　そして、段落相互の役割と文章の構成を捉えるためには、接続語に着目することが大切であることも理解させる。段落の最初の接続語をたどると、全体のつながりが見えてくる。

　このように、**「文の最後と、段落の最初に注目しよう」**ということを説明的文章理解のための「知恵」として身に付けさせる。

(2) 単元目標

- 段落および接続語、文末表現の役割を適切に捉えられるようにする。　　　　　（知識・技能）
- 段落相互の関係を理解し、文章の構成を捉え、文章全体の趣旨を理解することができるようにする。　　　　　　　　　　　　　　　　　　　　　　　　　　　　　（思考・判断・表現）
- 日常的な疑問から出発をして、科学的なものの見方や論理的な考え方を通して、さまざまな分野に興味関心を持つ態度を養う。　　　　　　　　　　（主体的に学習に取り組む態度）

(3) 学習ロードマップ

K1	P1	R1
K2	P2	R2
K3	P3	R3

K1：段落、接続語、文末表現の働きを理解する。
P1：問題提起と答えを捉える。
P2：説明の進め方をまとめる。
K2：段落相互の関係を接続語に着目して捉える。
R1：身の周りのものごとに対して疑問を持つ。
R2：科学的な説明を調べてまとめる。

(4) 単元計画

第1時 本文を通読して感想を書く。特に、初めて知ったことについて書き出す。
第2時 それぞれの形式段落の内容を短くまとめる。
第3時 問題提起とその答えを、接続語と文末表現に着目して捉える。
第4時 身の周りの野菜について疑問を持ち、図書館で科学的な説明文を調べる。
第5時 筆者の説明のしかたの工夫を取り入れて、わかりやすく説明の文章を書く。

2 実践のポイント……………………………………………

　中学生になって最初に読む説明的文章で、「ダイコンは大きな根ではなく、茎と根から成っている」という大変興味深い内容の教材文である。

　説明的文章を読むと、題材について新しい知識を得ることができる。専門家である筆者は、素人の読者を想定して門外漢にもわかるよう書き方を工夫する。論理的な筋立て、効果的な比喩、伝わりやすい具体例を用い、できるだけ曖昧さを排した記述がなされ、時には図やグラフが活用される。そして、小説や随筆と異なり、筆者の主張が直接的に書かれることが多い。

　そこで、内容に関しての興味・関心を、文章を読み進めるための原動力とし、分かりやすい説明のために文章がどのように組み立てられているのかを考えさせる。さらに、教材文から生まれた知的好奇心を、身の周りの世界へと広げていきたい。

3 本時の展開（第3時）……………………………………

(1) 問題提起を探す

> 問題が提起されている段落は、どれですか。（P1）

　　・第2段落。
　　・第5段落。

> 問題提起の目印は、何ですか。（P1）

　　・「ダイコンの白い部分はどの器官なのでしょうか」と、疑問形になっている。
　　・「なぜ、ちがっているのでしょうか」と、理由を聞く疑問文になっている。

(2) 問題提起の答えを捉える

> 問題提起のそれぞれの答えは、どこですか。（P1）

〔論理的思考〕接続語と文末表現に着目して、段落相互の関係を捉える力／説明的文章:「ダイコンは大きな根？」／実施学年1年　　87

・第2段落の答えは、第4段落。

・第5段落の答えは、第6段落と、第8段落。

> 答えの目印は、何ですか。(P1)

・第4段落では、「つまり、……のです」という接続語と文末表現。

・第6段落では、「からです」という文末表現。

・第8段落では、「そこで、……のです」という接続語と文末表現。

(3) 説明の進め方をまとめる

> 問題提起と答えを、目印を示しながらノートにまとめなさい。(P2)

第4段落
[問題提起] ダイコンの白い部分はどの器官なのでしょうか

[答え] つまり、ダイコンの白い部分は、根と胚軸の二つの器官から成っているのです。

第5段落
[問題提起] この二つの器官は、じつは味も違っています。なぜ、ちがっているのでしょう。

[答え]
・胚軸は、……水分を……送り、……糖分などの栄養分を根に送る役割をしているからです。

・(栄養分を蓄える根は)虫に食べられては困ります。そこで、虫の害から身を守るため、辛み成分を蓄えているのです。

※だから、ダイコンの上の部分は甘く、下の部分は辛い。

> 筆者の説明のしかたの工夫をあげましょう。(P2)

・問題提起と答えについて、目印となる言葉を使っている。

・問題提起と答えが二つある。

・一つ目の問題提起の答えが、次の問題提起につながるようになっていて読み進めやすい。

・段落を細かく分けて、順序よく説明をしている。

(4) 段落相互の関係を捉える

> それぞれの段落の役割を、段落の最初の言葉を目印にしてまとめましょう。(K2)

88　第2部　スキルコードで深める国語科の授業モデル

〈最初の言葉〉	〈段落の役割〉
① 私たちは、毎日	…話題提示
② それでは、	…問題提起1
③ その疑問に答えるために…	答えのための例示
④ これに対して、	…例示をふまえての答え
⑤ この二つの器官は、	…問題提起2
⑥ 胚軸の部分は	…答え（1）
⑦ いっぽう、	…答えのための説明
⑧ 根には、	…答え（2）
⑨ これらの特徴を活用して…	発展的な説明
⑩ このように、	…全体のまとめと新たな問題提起

　全体を通して、科学的な知識が身の周りの疑問を解決することや、日常生活に役立つことを本文から読み取り、結論部分での筆者の主張へとつながることに気付かせる。そして、文章の組み立てを捉える際に、段落の最初の接続語には特に注意することを確認し、接続語の大切さを意識させる。

　次時には、読者に向けられた新たな問題提起「他の野菜はどうでしょうか」について、各自が答えを作ることを予告して授業を終える。

4 授業改善の視点

　問題提起1は理解しやすかったようであるが、問題提起2は答えが2つあり、発展的な説明まであるので、構成を捉えることに戸惑う生徒も多かった。だが、接続語に着目することで戸惑いは解消し、論理的な説明における接続語の役割を意識することができた。

　中学生になって最初の文章読解の授業であり、段落の働きや役割、段落相互の関係についてはこれからさらに本格的に学んでいかなければならない。学年が進むにつれて難しくなっていく論理的な文章の読み書きにおいて、接続語を正しく効果的に使えるようになるための基礎力を身に付けて言葉の論理性を学び、自分が発信者になったときに、題材および自己の主張をわかりやすく受信者に伝えらえる能力を身に付けさせたい。

[井上賢一郎]

［論理的思考］接続語と文末表現に着目して、段落相互の関係を捉える力／説明的文章:「ダイコンは大きな根?」／実施学年1年

育てる 資質・能力

〔論理的思考〕
問題提起を捉え要約をする力

実施学年 **1年**

単元名▶ 説明的文章：「幻の魚は生きていた」
　　　　　（中坊徹次）

1 実践の概要‥‥‥‥‥‥‥‥‥‥‥‥‥‥‥‥‥‥‥‥‥

(1) 資質・能力の概要

　文章の要旨を捉えて要約する資質・能力を育てる。文章の要旨を捉えるためには、文章全体を序論・本論・結論に分けて構成を捉え、それぞれの中心文をまとめるという手順をふむとよい。中心文を探すためには、問題提起と答えを意識する。このように、**「文章の型に沿って中心文を捉えれば、文章の要旨（言いたいこと）がつかめる」**ということを「知恵」としたい。構成の捉え方、要旨をまとめる力は、書くことや話すことの力にも生かされるだろう。

　現代の情報社会では、多くの情報を目的や必要に応じて処理し活用していく力が求められており、機械的な要旨を捉える学習ではなく、日常の読書や情報処理につながるものとして、まとまりごとに内容をおおまかにつかみ、文章全体で何を言おうとしているのかを理解する力を養いたい。

(2) 単元目標

・序論・本論・結論、問題提起と答えを意識して、それぞれの中心文を捉えることができるようにする。　　　　　　　　　　　　　　　　　　　　　　　　　　　（知識・技能）

・まとまりごとの中心文をもとに、要旨をまとめることができるようにする。

　　　　　　　　　　　　　　　　　　　　　　　　　　　　　　　（思考・判断・表現）

・説明的な文章を読み、新たな発見や驚きなどを通して、自然と人間の関係についての自分の意見を広げようとする態度を養う。　　　　　　　（主体的に学習に取り組む態度）

(3) 学習ロードマップ

K1	P1	R1
K2	P2	R2
K3	P3	R3

K1：序論・本論・結論の構成を捉える。
P1：各まとまりの中心文を捉える。
P2：中心文をもとに要約をする。
K2：適切に要約ができたかどうか確かめ、要約の方法を理解する。
R1：絶滅の恐れがある生物についての文章を探す。
R2：要約をする。
R3：要約した文章を伝え合い、相互評価をする。

90　　第2部　スキルコードで深める国語科の授業モデル

(4) 単元計画

第1時 文章を通読し、初めて知ったこと、驚いたこと、疑問に思ったことの視点から感想を書く。

第2時 文章全体を序論・本論・結論に分け、序論から問題提起の文を探す。

第3時 本論と結論それぞれの中心となる部分を探し、要約する。

第4時 絶滅の恐れがある生物について図書館で調べる。

第5時 調べたものを要約し、わかりやすくまとまっているかを互いに評価する。

2 実践のポイント……………………………………………

　教材文は環境の変化で絶滅した魚が、別の場所で生きていたということを説明した文章であり、問題提起と答えを柱として展開されている。その組み合わせを抜き出してまとめることで要約文が完成する。

　このように文章の型に沿って中心文を抜き出して要約をし、同じような構成で文章を作るという経験を通して、文章の型を意識して中心文を捉えれば文章の中心、筆者の主張が捉えられるという「知恵」を身に付けさせたい。

　文章と同じように序論・本論・結論と構成を意識してまとめることで、他の作品でも文章全体を把握する読解力が身に付いていく。

3 本時の展開(第2〜3時)……………………………

(1) 文章の構成を捉える

> 文章を序論・本論・結論に分けましょう。(P1)

「序論は文章の『はじめ』です。どこまででしょうか。」

　・「絶滅したと思われていたクニマスが、なぜ遠く離れた西湖で生きていたのだろうか。その経緯をたどってみよう。」まで。

　∴問いを投げかけて、次の段落からはその問いの答えが説明されていくから。

「本論は文章の『なか』、結論は文章の『終わり』です。本論はどこまででしょうか。」

　・「こうした偶然の一致によって、田沢湖で絶滅したクニマスは、遠く離れた湖底で脈々と命をつないでいたのだ。」まで。

　∴問いの答えはここまでで、次の段落からは、「これから」の話になるから。

(2) まとまりごとの中心文を見つける

「文章の内容を、できる限り短くまとめます。」

> まず、序論の中で、中心となる文はどれですか。(P1)

〔論理的思考〕問題提起を捉え要約をする力／説明的文章：「幻の魚は生きていた」／実施学年1年　　91

> 序論の役割は、問いを投げかけることでした。

- 「クニマスはなぜ田沢湖で絶滅したのだろう。」
- 「また、絶滅したと思われていたクニマスが、なぜ遠く離れた西湖で生きていたのだろうか。」
- ∴「だろう」という、疑問の言葉があるから。

> 本論の中で、中心となる文はどれですか。(P1)
> それぞれの問いの答えを探しましょう。

- 「こうしてクニマスは、人の手による環境の改変によって、他の多くの生物と共に田沢湖から姿を消した。」
- ∴「こうして」という、まとめの言葉があるから。
- 「こうした偶然の一致によって、田沢湖で絶滅したクニマスは、遠く離れた湖底で脈々と命をつないでいたのだ。」
- ∴「こうした」という、まとめの言葉があるから。

> 結論の中で、中心となる文はどれですか。(P1)

- 「この西湖でクニマスがこれからも生き続けるためには、どうすればよいだろう。」
- ∴問いの形になっているから。
- 「一つには、産卵場所も含めた湖全体の環境を守ることが必要だ。」
- 「かつての田沢湖でのように、人と生き物とがつながり合った関係を維持すること、それがクニマスの保全にもつながるのだ。」
- ∴問いの答えだから。

(3) 中心文を縮約する

> それぞれの中心文をできる限り短く削りましょう。(P1)

〈序論〉
- クニマスはなぜ田沢湖で絶滅したのだろう。
- また、絶滅したと思われていたクニマスが、なぜ遠く離れた西湖で生きていたのだろうか。

〈本論〉
- こうしてクニマスは、人の手による環境の改変によって、他の多くの生物と共に田沢湖から姿を消した。
- こうした偶然の一致によって、田沢湖で絶滅したクニマスは、遠く離れた湖底で脈々と命をつないでいたのだ。

〈結論〉
- この西湖でクニマスがこれからも生き続けるためには、どうすればよいだろう。
- 一つには、産卵場所も含めた湖全体の環境を守ることが必要だ。
- かつての田沢湖でのように、人と生き物とがつながり合った関係を維持すること、それがクニマスの保全にもつながるのだ。

（4）要約をする

> 残った部分をつなげて、要約文を作りましょう。ただし、初めて読んだ人でもわかるように、言葉を補うこと。（P2）

クニマスはなぜ田沢湖で絶滅したのだろう。また、なぜ遠く離れた西湖で生きていたのだろう。クニマスは、人の手による環境の改変によって、湖の水が酸性になったために姿を消した。だが、卵が絶滅前に西湖に譲渡され、産卵場所の水温という偶然の一致によって命をつないでいた。西湖でこれからも生き続けるためには、湖全体の環境を守ること、人と生き物とがつながり合った環境を維持することが必要だ。

（一九〇字）

（5）要約のしかたを理解する

> どのように要約したかをふり返り、できる限り短くまとめましょう。（K2）

・文章を序論・本論・結論に分け、それぞれの中心文を見つけ、中心文を削って足りない部分を補ってまとめた。

4 授業改善の視点‥‥‥‥‥‥‥‥‥‥‥‥‥‥‥‥‥‥‥‥‥‥‥

　文字数を制限して要約を求めるだけでは、生徒達は要約ができるようにはならない。本単元では、文章全体を序論（問題提起）・本論・結論に分け、それぞれの中心文を見つけ、適切につなぎ合わせて要約する力を身に付けさせようとした。単元の後半では、筆者の主張に対して自分の考えを持ち、絶滅のおそれがある生き物について調べ、人間の生活と生き物の環境について序論・本論・結論の三段構成で自分の主張を的確に伝えるという経験を通し、論理的な文章の型を意識化することができたようである。

　長い文章の中から中心文を取り出してつなぎ合わせるという操作は、デジタル教科書を使うと簡便に行うことができる。今回は、生徒はプリントで、授業者は教師用デジタル教科書で生徒の意見をもとにプロジェクター画面で操作を行ったが、生徒用デジタル教科書が使えれば、生徒が自分自身で切り貼り操作を行うことができ、効果的に学習を進めることができる。

〔合田美留〕

〔論理的思考〕問題提起を捉え要約をする力／説明的文章：「幻の魚は生きていた」／実施学年１年　　93

育てる 資 質 ・ 能 力

〔論理的思考〕
意見と根拠、具体と抽象を捉える力

実施学年
2年

単元名 ▶ 説明的文章：「生物が記録する科学―バイオロギングの可能性」(佐藤克文)

1 実践の概要……………………………………………………

(1) 資質・能力の概要

　説明的文章は、具体的な事実を底面とし、筆者の意見・主張を頂点としたピラミッド状に文が組み立てられている。このように抽象度を意識して文章を読み書きする力は、極めて重要である。

　新学習指導要領で新設された「情報の扱い方に関する事項」では、小学校から情報と情報との関係、情報の整理について系統的に指導内容が示された。これらは論理的な思考力を育てる指標として大変役立つものであり、生徒たちには「学習用語」として身に付けさせたい。その中でも中学第2学年から登場する「具体と抽象」は、抽象度を増していく各教科の学習の基礎としても非常に重要である。

　第1学年での学習を踏まえ、文、段落、文章構成における抽象度を意識させ、文章を構造的に理解させたい。問いに対する最終的な答えが最も抽象度の高い「主張」であり、その主張を具体的な「根拠」が支えているという構造である。これは、科学の思考方法によく表れており、科学的な文章を読むことにより、「**科学の進め方を身に付ければ、文章の読み書きが論理的にできるようになる**」という「知恵」を授けたい。そして、自ら表現したり、他者の表現のしかたを評価したりすることで、表現における構造意識を高めることができる。

(2) 単元目標

・具体と抽象を意識しながら、主張と根拠を捉えることができるようにする。(知識・技能)
・科学の進め方を理解し、科学的な見方と考え方で文章を読み書きすることができるようにする。　　　　　　　　　　　　　　　　　　　　　　　　　　　　　　　　(思考・判断・表現)
・科学的な見方と考え方を生かして、自ら文章を読み書きしようとする態度を育てる。
　　　　　　　　　　　　　　　　　　　　　　　　　　　　　(主体的に学習に取り組む態度)

(3) 学習ロードマップ

　　　　　　　　K1：何についての文章なのかを意識しながら、問題提起と主張
　　　　　　　　　　を捉える。
　　　　　　　　P1：文章の構成を捉える。

K1	P1	R1
K2	P2	R2
K3	P3	R3

P2：事実と考えの示し方に着目して、具体と抽象を意識しながら、説明のしかたの特徴を捉える。

K2：文章の構造を理解する。

P3：文章をもとに、フリップを作って研究発表を行う。

(4) 単元計画

第1時 本文を通読し、わかったことや感じたことを発表する。そして、本文の構成（序論・本論・結論）を捉える。

第2時 問いと結果を意識して段落の役割を考える。

第3時 事実と考え方の示し方に着目して、筆者の説明の特徴を捉え、文章の構造図を作りながら、説明のしかたについて考えを述べ合う。

第4時 構造図をもとにフリップを作って、研究発表を行う。

2 実践のポイント……………………………………………

　本教材は、野生生物に記録装置を着けて生態を調査する「バイオロギング」という研究方法を紹介して「話題提示」とし、「問題提起」に対して「写真やグラフ」を用いて、バイオロギングが明らかにしたペンギンの生態についての「説明」を行う、科学的な手順に従った説明的文章である。

　問いを導く「問題提起」と結果を支える「研究方法」「説明」「補足」「まとめ」といった段落ごとの役割を捉え、説明文での説明手順を「知識」として身に付けさせる。そして、その知識をもとに、フリップを作成して説明するという経験を通して、科学の進め方に従った論理的な考えの組み立て方を「知恵」として身に付けさせたい。

　筆者の意見や主張は、事実を根拠にして述べられる。そこで意見と事実を読み分け、対応関係を押さえることが大切となり、文末表現に着目をさせていく。

3 本時の展開（第3時）……………………………………

(1) 話題を確認する

何について書かれた文章だったかを確認する。

> バイオロギングとは何か、自分の言葉で説明してみましょう。(K1)

- 生物に機器を取り付けて、その生物自身が生活や習性を記録すること。
- 動物自身がデータをあつめること。
- 人間が観察することが難しい場所まで観察できる、便利な方法。
- 生物が生息している環境でありのままの行動を調べることが出来る。

> 問題提起と結果の段落を確認しよう。(P1)

〔論理的思考〕意見と根拠、具体と抽象を捉える力／説明的文章：「生物が記録する科学―バイオロギングの可能性」／実施学年2年　　95

(2) 文章の構成を捉える

1年次に学習した説明的文章での段落の役割について復習をする。

序論…課題提示、問い（問題提起）

本論…答え、例示、引用、根拠

結論…まとめ、主張

研究についての説明文ではさらにどのようなことが必要か、夏休みの自由研究を思い起こさせる。

- ・研究方法
- ・仮説
- ・調査内容、研究内容

それぞれの段落の役割を考えましょう。（P1）

序論・本論・結論はそれぞれどの段落ですか。（P1）

結論		本論												序論				構成
⑱	⑰	⑯	⑮	⑭	⑬	⑫	⑪	⑩	⑨	⑧	⑦	⑥	⑤	④	③	②	①	段落
まとめ	まとめ	結果のまとめ	結果	問題提起	問題提起	結果のまとめ	結果	結果 問題提起	説明	問題提起	結果	結果 問題提起	問題提起	研究方法	研究方法	問題提起	話題提示	段落の役割
私たちの知らないこと	バイオロギング	野生ペンギンの行動の工夫			アデリーペンギンの集団潜水行動								エンペラーペンギンの潜水行動	バイオロギング	バイオロギング	ペンギンはどのように餌を捕るか	エンペラーペンギン	話題（何について）

(3) 文章の特徴を捉える

この文章の説明のしかたの特徴は、どのようなことですか。（P2）

- ・問題提起がたくさんある。
- ・結果から、次の問題提起が生まれている。
- ・写真やグラフを使って説明をしている。

「これらは、科学的な説明文の特徴ですね。皆さんの理科の自由研究も同じように説明をしていたと思います。」

科学の説明のパターンをフローチャートにまとめましょう。(K2)

フローチャートの説明をして、各自ノートにまとめさせる。

それぞれは事実ですか、筆者の考えですか。(P1)

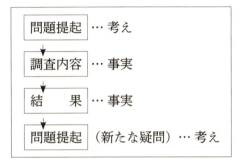

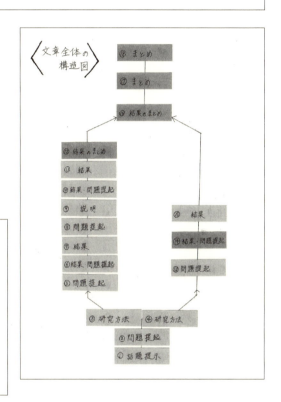

(4) 文章の構造（抽象度）を理解する

文章全体の構造図を作りましょう。事実が中心の段落は黄色、筆者の考えが中心の段落はピンク色の付箋を使ってそれぞれの段落の役割を書きます。一番上に筆者が一番言いたいことを貼り、それに向かって文章がどのように組み立てられているかを考えて、全体図を作ります。(K2)

4 授業改善の視点

　日頃から自分の意見に根拠を持って話ができていない生徒が多く、何が根拠になるのかを捉えることが難しいようだった。そこで、本単元では、バイオロギングの調査方法・結果を通し、筆者の意見・主張と、根拠となる事実を抜き出してまとめることで主張と根拠を捉える力を身に付けさせようとした。単元の後半では、この研究の内容をフリップにまとめて、科学的に説明する力を「知恵」として定着させようと試みた。

　事実と根拠の区別がつかない生徒が多いため、本文の文末を意識し、同じ文末ごとに色分けをして線を引き、視覚的に区別をつけさせてから事実と根拠という言葉を用いたほうが、理解が高まるかもしれない。また、抽象度の指導については理科の学習と関連させて生物の分類を図にしながら理解させるとよいだろう。

［合田美留］

育てる資質・能力

〔論理的思考〕
メディアの特徴を理解し、情報を吟味する力

実施学年 **2年**

単元名▶説明的文章：「メディアと上手に付き合うために」(池上彰)

1 実践の概要

(1) 資質・能力の概要

　情報化社会の急速な進展の中で、様々なメディアのおびただしい情報の中から適切な情報を得て活用するメディア・リテラシー、情報リテラシーは生徒たちにとって極めて大切な資質・能力である。新学習指導要領の第2学年の言語活動例に「本や新聞、インターネットなどから集めた情報を活用し、…」とあるが、第3学年の「情報の扱い方に関する事項」に示されている「情報の信頼性の確かめ方を理解し使うこと」は、第2学年次にこの言語活動を行う際に指導をすることが望ましいだろう。そもそも情報は、事実からメディアの特性によって切り取られたもので「事実そのもの」ではない。しかし、生徒はもちろん、大人であってもそうしたメディアの特徴をじっくり考えたことはあまりないものである。その力が間違って発揮されるこわさも含めてメディアの情報を批判的・分析的に考えることを通して、**「メディアは全て編集されている」**という「知恵」を身に付けてほしい。

(2) 単元目標

・メディアの特徴を理解し、目的に応じて適切なメディアを選択することができるようにする。　　　　　　　　　　　　　　　　　　　　　　　　　　　　　　（知識・技能）
・複数の情報を整理しながら、情報の信頼性に注意して適切な情報を得ることができるようにする。　　　　　　　　　　　　　　　　　　　　　　　　　　　　（思考・判断・表現）
・メディア・リテラシーを生活に生かそうとする態度を養う。
　　　　　　　　　　　　　　　　　　　　　　　　　　　　（主体的に学習に取り組む態度）

(3) 学習ロードマップ

K1	P1	R1
K2	P2	R2
K3	P3	R3

P1：各メディアの長所を挙げる。
K1：メディアの長所を文章で確認する。
P2：メディアの特徴を対比的にまとめる。
K2：メディアの本質を捉える。
K3：メディアとの付き合い方を考える。
P3：メディアの特徴を生かして情報を収集し、比較する。

(4) 単元計画

第1時　身の周りには、どのようなメディアがあるか書き出し、それぞれの長所・短所の理由を考える。メディアの特徴をメリット・デメリットで比較し、対比的にまとめる。そこからメディアとの付き合い方を考える。

第2〜3時　メディアの特徴を生かして情報を収集し、比較する。グループで収集する題材を1つ決め、テレビ、新聞、インターネットの情報を比較する。なぜそのメディアなのかという根拠を互いに示しながら、意見の交換をする。

2 実践のポイント……………………………………………………

　単元を通しての学習活動を、「メディアの特徴について討論をしよう」と設定し、教材文はその参考資料として扱う。単元の冒頭で、日常生活の中にあるメディアを例にあげて学習の見通しを立てる。前半は、教材文を参考に身のまわりのメディアの特性をまとめる。後半では自分でメディアを選んで、自分が調査したメディアのメリット・デメリットをグループの他の人に紹介をして討論を行う機会を作る。日頃からあまり意識をしていないメディアとの付き合い方を考えることで断片的な知識がつながったものとなる。

　メディアは全て編集・構成されていることの理解が、本単元で目指す「知恵」である。そのためには、それぞれのメディアの持つ特徴を把握することが必要である。それぞれのメディアの情報を比較し、メリット・デメリットを考えることで初めて情報が全て編集されていることに気づくことができる。そうすることで、メディアの情報をただ受け取るのではなく、主体的に情報に対して判断をする資質・能力を身に付けてほしい。

3 本時の展開(第1時)……………………………………………

(1) メディアのメリットを考える

> それぞれのメディアの特徴はどのようなことですか。(P1)

○テレビ
　・大きなニュースをいち早く知ることができる。
　・中継では今起きていることを知ることができる。
　・情報がわかりやすい。

○新聞
　・様々なニュースを一度に知ることができる。
　・詳しい解説がある。
　・いつまでも取っておける。

○インターネット

・自分が欲しい情報をすばやく検索することができる。

・誰でも気軽に発信できる。

文章では、どのような言葉でまとめられていますか。（K1）

・同時性　・一覧性　・保存

(2) メディアの特徴を対比的にまとめる

メディアの特徴をそれぞれ比べてまとめましょう。（P2）

各自で考えた後、グループでホワイトボードにまとめて、代表者が発表をする。

	〔テレビ〕	〔新聞〕	〔インターネット〕
同時性	○	×	○
一覧性	×	○	△
保存	×	○	○
その他	よくわかる	詳しい	検索できる・発信できる

(3) デメリットを考える

情報を正確に伝えるという点でそれぞれのメディアの弱点を考えてみましょう。（P2）

まず、生徒に考えさせた後、文章を参考にさせる。

・テレビは、映されていない部分は違うかもしれない。

・新聞は、ニュースの扱いが新聞によって違う。

・インターネットは、発信する側の自由なので、偽の情報も流せる。正確な情報もそうでない情報もある。

(4) メディアの本質を捉える

メディアにはなぜそのような弱点があるのでしょうか。（K2）

・テレビは、カメラマンによって一部の映像が切り取られ、さらに放送時間が決まっているので取材した映像から放送をする際に選び取られたものだけを必要に応じて並べているから。

・新聞は、紙面の大きさが決まっており、情報のニュース性によって掲載できるニュースの数が変わるから。

・インターネットは、誰でも発信することができ、その内容を確認する者がいない場合

が多いから。

> 文章ではそのことを何と言っていますか。（K2）

・「メディアは、必ず『編集』されている。」

(5) メディアとの付き合い方を考える

最後に、それぞれのメディアとの付き合い方について考える。

> デメリットをどのように解消するかを考えましょう。（K3）

・テレビでは、番組がどのような意図をもって、どのように編集されているかを考える。
・新聞では、他の新聞と比較をして、公平な目で記事を読む。
・インターネットでは、情報が確かかどうか確かめる。

次時は、各メディアの情報を比較するので、それぞれのニュースについて調べておくよう指示をする。

4 授業改善の視点……………………………………………………

国語能力の向上のために読書や新聞を勧めることは多いが、知識を得ることにはなっても、その知識を主体的に捉えて考えるような資質・能力にすることは難しい。単一のテクストを読むだけでは、情報の信頼性を意識することはできないからである。そこで、本単元では、日常的に接しているテレビ、新聞、インターネットといった代表的なメディアの特徴を対比的に整理して、その特徴を捉えるとともに、全てのメディアは「編集」されているということの理解へ導いた。単元の後半では、メディアのメリット・デメリットについて実際の情報をもとに討論を行い、それぞれのメディアとの付き合い方を考える力を「知恵」として定着させようと試みた。

ただ、メディアの特徴について討論するよりも、「理想のメディアをつくろう」とした方がよかったかもしれない。作り手の立場に立って考えると、「編集」の意味がよく分かるからである。そして、それぞれのメディアの特性が分かれば、別のメディアでは何と書いてあるか読んでみようという意欲も強くなるに違いない。情報の信頼性が高いメディアとして本に思い至らせ、図書館の利用を促すことができれば、読書指導としても効果的である。

また、教材文はメディアについて非常にわかりやすくまとめられているが、冒頭部分は教科書改訂の際に書き換えられている。書き換え前のものを示して、なぜ書き換えられたのかを考えさせると、大変よいメディア・リテラシー学習となるだろう。

［家谷外進夫］

〔論理的思考〕メディアの特徴を理解し、情報を吟味する力／説明的文章：「メディアと上手に付き合うために」／実施学年2年　101

育てる資質・能力

〔論理的思考〕
図を使って科学的に説明する力

実施学年 **3年**

単元名▶説明的文章：「月の起源を探る」
（小久保英一郎）

1 実践の概要

(1) 資質・能力の概要

　図や資料を使いながら他者に説明していく力、いわゆるプレゼンテーション能力は、将来生徒たちが働く上で重要視される力である。本単元では、特に図を用いた説明の順序について学習し、「**図を利用すると、説明が分かりやすくなる**」という「知恵」を身に付けさせたい。そして、その知恵を生かしながら、さらに自分で説明文を作成してプレゼンテーションを行うことで知恵を定着させたい。

(2) 単元目標

・筆者の科学的な説明の仕方を捉えることができるようにする。　　　　　　（知識・技能）
・説明の順序や図の使い方に着目して内容を捉え、さらにその内容を他者に簡潔に説明することができるようにする。　　　　　　　　　　　　　　　　　　　　　（思考・判断・表現）
・自分で調べた内容について、図を使ってわかりやすく説明しようとする態度を養う。
　　　　　　　　　　　　　　　　　　　　　　　　　　　　　（主体的に学習に取り組む態度）

(3) 学習ロードマップ

K1	P1	R1
K2	P2	R2
K3	P3	R3

K1：文章を読んで初めて知ったことを書き出す。
P1：説明の仕方の特徴を捉える。
P2：説明の順序や図の使い方の工夫を理解する。
K2：科学的な説明の仕方を理解する。
P3：筆者の説明を平易な言葉で説明し直す。
R2：自分で調べた内容について、図を使いながらまとめる。
R3：プレゼンテーションを行う。

(4) 単元計画

第1時　　文章を読んで初めて知ったことを書き出す。小見出しに沿って、それぞれの内容の概要と、文章全体での説明の順序について表にまとめ、アウトラインを捉える。

第2～3時　本文中で使われている図について、言葉を平易にして説明し直す。

第4時　　　図書館を利用して、「○○を探る」というテーマで宇宙や科学的な内容についての調べ学習を行う。
第5時　　　第4時で調べた内容について、図を使いながら説明する文章を書く。
第6時　　　プレゼンテーションを行う。

2 実践のポイント

　本教材は、科学における仮説検証のプロセスに焦点を当てた説明的な文章である。月は不思議な天体であり、どのようにしてできたのかという疑問について、仮説を紹介し、図解を取り入れながら検証している。理科で天体について学習する前に扱うことから留意が必要であり、天体を苦手とする生徒も多いので、文章中の説明と図解との対応に焦点を当てて授業を進めることとする。図に沿って説明をし直すことによって文章の理解を促し、図解による説明力を身に付けさせたい。言葉だけでは伝えにくい内容でも、図解をすることによって分かりやすくすることができる。探究学習において、調べた内容を説明する際にも大いに役立つ知恵である。

　また、小見出し、語彙の選択、説明の順序など様々な工夫が必要であり、最終的に生徒が自ら説明文を作成することで、それらの工夫を経験的に身に付けさせる。

3 本時の展開（第3時）

(1) 仮説を確認する

「月には謎がありました。古典的な3つの仮説で説明できないことは、どのようなことでしたか。」
　①月には鉄が少ないこと。
　②月が非常に大きな衛星であること。

(2) 図に沿って内容を説明し直す

　図4「巨大衝突説」について

中学1年生に説明するつもりで、わかりやすく説明し直しましょう。（P3）

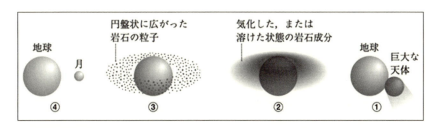

図4　巨大衝突説　　　　　　　　　　　　　　　　（光村図書『国語3』より）

〔論理的思考〕図を使って科学的に説明する力／説明的文章：「月の起源を探る」／実施学年3年

> ①地球の質量の約十分の一（火星程度）の天体が、地球に衝突する。
> ②地球の周りに、気化した、または溶けた状態の岩石成分が飛び散る。
> ③冷えて粒子となった岩石成分が、地球の周りに円盤状に広がる。
> ④岩石の粒子が衝突と合体を繰り返すことで、月が形成される。

　図について上記のように説明されているので、これを分かりやすく書き直す。次のことに心がけるよう助言をする。
　　・何を説明するための図なのか、最初に示す。
　　・順序を示す接続語を使う。
　　・言葉遣いをやわらかくする。
　　・分かりやすいように説明を補う。
　各自、プリントにまとめた後、数人を指名して発表させる。

> 　全ての問題を解決する仮説が「巨大衝突説」です。
> ①まず、地球の重さの約十分の一の星が、地球に衝突します。
> ②すると、地球の周りに、気体になったり溶けたりした岩石の成分が飛び散ります。
> ③その後、冷えて粒の状態になった岩石成分が、地球の周りに円盤のように広がります。
> 　土星の輪のようなものです。
> ④最後に、岩石の粒が衝突と合体を繰り返して大きくなり、月になります。

(3) 解決すべき課題を確認する

「この説明で、月の謎が説明されましたか。」
　・されていない。
「では、次に月の謎をこの仮説で説明しましょう。説明する謎は何でしたか。」
　①月には鉄が少ないこと。
　②月が非常に大きな衛星であること。

(4) 課題を図解で解決する

中学１年生に説明するつもりで、図を使って月の謎を解明しましょう。（P3）

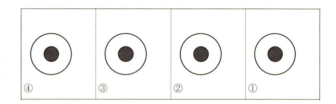

　教科書には地球と月の内部の図がないので、上図を新たに作成してワークシートに入れた。この図を用いて、図４の説明を補足しながら謎を解明する。教科書の説明は非常に難解だが、図解ができれば納得に至る。個人では難しいので、グループ学習に早めに移行し、皆で協力して解決させる。

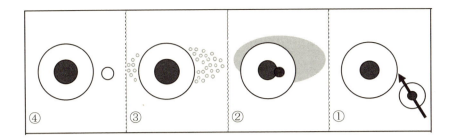

①まず、巨大な星が斜めに衝突します。
②すると、重い鉄の核は地球の核に合体します。
③そして、鉄の外側の岩石が地球のまわりにまき散らされます。
④最後に、まき散らされたたくさんの材料から、大きな月ができます。

(5) 説明し直す作業を通して学んだことをまとめる

より簡単に説明し直す際に、どのようなことに気をつけたらよいですか。(K2)

各自でまとめた後、発表させる。
・順序よく、短くまとめて説明する。
・わかりやすい言葉を使う。
・図と説明を合わせる。
・課題とその答えをはっきりとさせる。

4 授業改善の視点

　説明文を授業で扱う際には、どうしても内容の理解に偏りがちである。しかし、それではその文章を理解することはできるが、他の説明文に応用できる「知恵」を身につけることは難しい。特に本教材は、内容の理解を中心に授業を進めようとすると、理科の授業のようになってしまう。また、謎の解明の部分が難解なので、動画を見せるなどして理解を促すことも考えられるが、それでは国語の学習にならない。そこで、本単元では説明文での図の使い方に着目し、説明を平易に書き直すことによって、広く将来的に生かせる説明の仕方を学ぶことができるよう学習を進めた。特に、謎の解明の部分を図解しようとすることで、難解な説明内容について自ら「わかった」と達成感を持てるよう工夫をした。
　科学的な説明の仕方を身に付けることは、論理的思考の育成において大いに役に立つ。その際に、仮説検証の進め方も大切な指導事項であるが、今回は十分に押さえることができなかった。理科とのカリキュラム・マネジメントを行い、総合的な学習の時間での学習活動が効果的に行われるように、探究学習の資質・能力の育成をさらに体系化していきたい。

［山村鉄平］

育てる 資 質 ・ 能 力

〔論理的思考〕
批評する力

実施学年 3年

単元名 ▶ **説明的文章：「『批評』の言葉をためる」**
（竹田青嗣）

1 実践の概要……………………………………………

(1) 資質・能力の概要

　現代は現実社会で関係する人以外にも、インターネットを通じて様々な年齢層の人々とコミュニケーションを取りやすい。そんな中、ともすれば、何かに対して批判をすることが大人っぽいと勘違いしてしまうこともある。ネット上の仮想空間では、実年齢に関係なく大人のふりをすることが容易にできるからである。しかし、そのような批判が本当に高い言語能力に結びついているとは限らない。一方で、インターネット上の様々な場でレビュー（批評）が行われており、ベストレビュアーが競われている。

　「批評」とは、学習指導要領解説に「対象とする物事や作品などについて、そのものの良さや特性、価値などについて、論じたり、評価したりすること」であるとされている。一般的に、中学生には「批評すること」は難しいと感じる人が多いかもしれない。だが、実際には中学生でも日常生活で自分の趣味や好きなことの「良さ」について互いに批評し合いながら、友人と語り合う場面は多い。人とつながり合うためには、言葉で批評をし合うことが大切である。ただし、生徒たちは物事の好き嫌いを感覚的で単純な言葉だけで発する傾向が強く、そうした不十分なコミュニケーションによって生じるトラブルが非常に多い。そこで、**「的確な言葉で批評をし合うと、言葉で人とつながり合える」**ということを「知恵」にし、「批評する力」を身に付けさせて、良好なコミュニケーションが行えるように導きたい。

(2) 単元目標

・価値判断の根拠を明確にすることができるようにする。　　　　　　　　（知識・技能）

・批判と批評の違いを理解し、適切な言葉を用いて物事を批評することができるようにする。

　　　　　　　　　　　　　　　　　　　　　　　　　　　　　　　（思考・判断・表現）

・互いに批評し合いながら、言葉の力を磨き、感受性を高めていこうとする態度を養う。

　　　　　　　　　　　　　　　　　　　　　　　　　　　　（主体的に学習に取り組む態度）

(3) 学習ロードマップ

　　　　　　　　P1：身の周りの「批判」の言葉を考える。
　　　　　　　　P2：「批判」の理由を考える。

106　第2部　スキルコードで深める国語科の授業モデル

K1	P1	R1
K2	P2	R2
K3	P3	R3

K2：文章から、コミュニケーションの知恵を見つける。

P3：考えが違う相手への、気持ちの伝え方を考える。

K3：「批評」のしかたを考える。

R2：様々なメディアから、「批評の言葉」を集める。

(4) 単元計画

第1時 良好なコミュニケーションについて、「批判」から「批評」へという観点から、教材文を根拠にして考える。

第2時 新聞の投書や書評、雑誌の記事、インターネットのベストレビューなどから、良い批評の言葉を集め、発表をし合って共有する。

2 実践のポイント……………………………………………

　教材文は、哲学者である筆者が、若い人たちに向けて言葉の力と感受性を高める必要性を述べたもので、自己理解のために言葉を「ためる」ことを説いている。大事なことは、それが「批評の言葉」になることであり、「批評」を交わすことは「言葉のキャッチボール」で、「自己ルール」の確認であると述べられている。このことは、自我の成長期にある中学生にとって大きな意味をもっていることを、体験的に理解させたい。

　本実践では、教材文を、言葉の力と感受性について考えるための材料、資料として活用する。そうすることで、筆者の著作や、哲学・思想書への興味・関心を持たせることもできるだろう。

3 本時の展開（第1時）……………………………………

(1) コミュニケーションについて考える

　この文章を使って、「コミュニケーションのレッスンをする」と生徒たちに伝える。

> 世の中や身の回りには、どのような「批判」があるだろうか。（P1）

- ・人の悪口
- ・ネットでの炎上
- ・ヘイトスピーチ

> 人はなぜ批判をするのだろうか。（P2）

- ・気に入らないから。
- ・自分と合わないから。
- ・不満があるから。

> 文章からその理由を探してみよう。（K2）

〔論理的思考〕批評する力／説明的文章：「『批評』の言葉をためる」／実施学年3年　107

・「言葉が十分たまっていない」から。
・「自分の考えを的確に表現できるだけの言葉」を持っていないから。
・「価値判断の根拠」が明確になっていないから。

それはどういうことなのかを、これから確かめてみよう。
嫌いな色・苦手な色は。(P1)

　・茶色
　・ピンク
　・紫

どうして嫌い・苦手なのか。(P2)

　・茶色は元気が出ないから。
　・ピンクは派手すぎるから。
　・紫はなんか嫌な感じ。

でも、その色が好きな人もいる。自分にとって嫌いな理由を、本文では何と言っているか。(K2)

　・「自己ルール」
　・「自分だけの価値基準」

では、嫌いな色のハンカチをプレゼントにもらったら、どうする。(P3)

　①受け取って、その人の前でだけ我慢して使う。
　②いらないと断る。
　③嫌いな色なんだと伝える。
自己表現には、そのような3つのタイプがあることを説明する。

①非主張的タイプ…自分を大切にしない。
②攻撃的タイプ…相手を大切にしない。
③アサーティブなタイプ…自分も相手も大切にする。

アサーティブなタイプになるためにはどうしたらよいだろうか。文章からそのための知恵を見つけよう。(K2)

・互いの自己ルールの違いを少しずつ理解し合う。

・そのために、批評をし合う。本音で気持ちを伝え合う。

・相手にうまく伝えるためには、適切な言葉が必要。

> 改めて、嫌いな色のハンカチをもらったら、どうする。（K3）

・「好みの色ではないけれど、ありがとう」と率直に伝える。

・色が好みでない理由も、言葉を選んでうまく伝える。

・好きな色を伝えて、次はその色をお願いと言う。そして、相手の好きな色を尋ね、その理由も聴き出す。

(2) 言葉の力の育て方を考える

> 自分の気持ちや考えを、考えが違う相手に対してうまく伝えるためには、どのような努力をしたらよいだろうか。（P2）

・言葉の力を鍛える。

・たくさん言葉を知る。

> 文章からそのための知恵を見つけよう。（K2）

・「たくさんの優れた文章や小説に親しむこと」。

・「人の言葉や使い方をよく聴き取ろうとする気持ちをもつこと」。

　次時は、それらを実際に行うと予告をし、新聞や雑誌、インターネットなどから「批評文」を探してくるよう指示をする。

4 授業改善の視点

　この教材で述べられていることを受けて、「批判」と「批評」の違いについて生徒たちは概念的には理解をすることができたようである。そして、実際の批評の言葉を客観的に分析・整理する経験を通して、言葉を使った良好なコミュニケーションの方法について考えさせた。

　次は、自ら批評を書く段階である。身の周りのことについて自分の考えを明確にし、価値判断の根拠を言葉で適切に表現しながら意見文にまとめ、新聞に投書をさせたい。新聞への投書は、不特定多数に対しての相手意識を持たせることができ、その準備の段階で生徒同士の相互評価を行うことによって、「自己ルール」の確認を行うこともできる。何よりも、新聞への興味・関心を高めることにつながるだろう。

　このようにして言葉の力を意識させ、第3学年の目標にある「言葉が持つ価値を認識する」ことを促したい。

[関野貴史]

育てる 資質・能力

〔論理的思考〕・〔感性・情緒〕
言葉によって、よりよく生きる力

実施学年 3年

単元名▶「新聞を読んで考える」

---

1 実践の概要……………………………………………

(1) 資質・能力の概要

　中学校学習指導要領総則の第3教育課程の実施と学習評価（3）に「各種の統計資料や新聞、視聴覚教材や教育機器などの教材・教具の適切な活用を図ること」とある。この点を踏まえ、授業において積極的に新聞記事を活用することにより、語彙や文章表現を習得する。さらに新聞記事における文章の論理性および多彩な表現、多岐にわたる内容から論理的思考力や感性・情緒を育むとともに、「**言葉によって、よりよく生きる力**」を身に付けることができると考える。

　つまり、国語学力を総合的に鍛える学習となり、「**新聞は、知恵を磨く社会の窓である**」という一生涯の「知恵」が得られるであろう。

(2) 学習目標

・新聞記事の内容を把握するために、文章中の語彙を調べ正確に理解しかつ適切に運用できるようにする。　　　　　　　　　　　　　　　　　　　　　　　（知識・技能）

・新聞記事の内容を正確に理解し、自分なりの意見をもち価値基準を定め、習得した語彙や表現を用いて発表できるようにする。　　　　　　　　　　　　　（思考・判断・表現）

・自ら進んで新聞を読み、人間、社会、自然などについて自分の意見を持とうとする態度を養う。　　　　　　　　　　　　　　　　　　　　（主体的に学習に取り組む態度）

(3) 学習ロードマップ

K1	P1	R1
K2	P2	R2
K3	P3	R3

K1：記事の中のわからない語句を調べて理解する。

K2：内容を把握し、その中にある価値について考える。

P2：複数ある価値について簡潔にまとめる。

R2：関連した他の記事を選んで内容を理解し、自分の考えをまとめて発表する。

(4) 単元計画

第1時　テーマ：「近未来　どこまで進歩するのか」

第2時　テーマ：「気候変動に対する備え」

第3時　テーマ：「多様な価値を理解し尊重する」

2 実践のポイント

　授業で活用する新聞記事を選定するにあたり、SDGs（Sustainable Development Goals：持続可能な開発目標…2015年9月の国連サミットで採択された、全ての先進国と発展途上国で取り組む、2016年から2030年までの国際目標）の17ある目標との連関性を考える。そして、様々な視点から判断する習慣を身に付けることで、価値の多様性について考える態度を養う。
　なお、次章の3時間は連続ではなく、その時期にそれぞれ実施をした。

3 第1時　・テーマ「近未来　どこまで進歩するのか」

〈未来の技術だと思っていたことがすぐそこに〉

① 通信技術が4Gから5Gに移ることで、SDGsのどのような問題に関わることができるか考えてみよう。
② 通信技術が4Gから5Gに移ることで実現できることを確認し、他にどんなことに活用できるかを考えさせる。

○ 生徒の声（要点）
・「夢がある話だが、同時に夢がどんどん現実になっていって夢がなくなっていくのが残念に感じた」
・「スマホは便利な道具だが、よりスマホが手離せない生活になることが不安です」
・「ネット空間が現実空間になってしまうのではないか」
・「今後ますます技術が進んでいき、どのような生活になるか想像できないことが怖い」
・「実際にVRのアトラクションを体験したが臨場感がありとても楽しかった」

「讀賣中高生新聞」（2019年5月25日）

・「技術の発達・進化は便利ではあるが、一方で人間はそれを上手に活用する方法を考えて身に付ける必要がある」

第2時　・テーマ「多様な価値を理解し尊重する」

○ 多様な人々の個性を受け入れるために大切なことは何かを考える。

東京超ダイバーシティ芸術祭　9月から
　「True Colors　Festival超ダイバーシティ芸術祭」のアンバサダーをつとめる（左から）りゅうちぇるさん、乙武洋匡さん、ラブリさん、アイバンさんが「True Colors」の手話を

披露した。障害や性、世代、言語、国籍などの違いを超えて多様性がある社会をめざす「True Colors Festival 超ダイバーシティ芸術祭」が、9月から渋谷区などで開かれる。23日に都内で記者会見があり、アンバサダーでタレントのりゅうちぇるさんや作家の乙武洋匡さんらが登壇した。障害者支援の一環として、2006年から世界各地で国際障害者芸術祭を展開してきた日本財団の主催。来年夏の東京五輪・パラリンピックをみすえ、1年間を通じてダンスや演劇、ファッションショーなど様々な催しがある。9月10日には、渋谷駅近くの渋谷ストリーム前で多国籍の障害者ブレークダンスグループらによるパフォーマンスが、10月22日には代々木公園の野外ステージで国内外のアーティストが集まった音楽イベントがあり、ハンドサインで言語に頼らず即興演奏するアルゼンチンのサンティアゴ・バスティスさんや大友良英さん、コムアイさんが参加する。

（写真）
「True Colors Festival」のアンバサダーをつとめる（左から）りゅうちぇるさん、乙武洋匡さん、ラブリさん、アイバンさん

会見でりゅうちぇるさんは「僕も可愛いものやメイクが好きなことが原因でからかわれた過去があった。みんなが少しでも自分の色で輝けるよう伝えたい」。乙武さんは「この芸術祭がパラリンピックの文化部門のような位置づけになれば」と語った。（朝日新聞デジタル　2019年8月24日）

〇生徒の声
- 「私たちは人との違いにマイナスな感情を持つことが多いが、その違いを受け入れてすべての人が気持ちよく暮らせる社会になればいいと思う」
- 「人との違いは自分の可能性を広げるものだと思う」
- 「自分の個性を受け入れると同時に他人の個性を認めることが関係性を良好にする秘訣ではないかと思う」
- 「安易な共感をせず、相手が理解できるように伝えることが大切だと思った」
- 「十人十色ということばがあるとおり、人の好むところや思うこと、感じ方、なりふりなどは、一人ひとりみんな違うことをあらためて確認できました」

第3時　・テーマ「気候変動に対する備え」

〈地球温暖化が進むと〉
① 地球の温暖化が今後も進んだらどうなるのかを考える。
② 温暖化を進めないために私たちにできること考える。

温暖化が進むと…スーパー台風、複数回日本上陸　1度上昇で洪水2倍に

上陸直前まで非常に強い勢力を維持した台風19号は東日本を中心に大きな被害をもたらしたが、地球温暖化が進めば19号を上回る強大な台風が年に複数日本に上陸する危険性が指摘されている。このままのペースで温暖化が進むと、今世紀末には世界の平均気温が現在より3度ほど上がるとされている。

気象庁気象研究所の予測によると、平均気温が３度以上高くなると「スーパー台風」と呼ばれる最大風速59メートル以上の台風の発生数は地球全体で３割ほど減る。その一方、海面水温の上昇などにより日本の南海上を猛烈な台風が通る頻度は増加するとみられ、日本列島への影響が懸念される。日本ではまだスーパー台風の勢力を保って上陸した例はないが、坪木和久名古屋大教授（気象学）のシミュレーションによれば、20世紀末より約２度上昇すると、スーパー台風のまま本土に接近・上陸する台風が１年間に複数発生するようになるという。

平均気温が１度上昇すると、大気に含まれる水蒸気量が７％増える。温暖化が進むと、台

風だけでなく前線などによる豪雨でも一度に降る雨の量が以前より増えることになる。昨年の西日本豪雨も温暖化の影響で降雨量がかさ上げされ、多大な被害をもたらしたとの指摘がある。国土交通省によると、国と都道府県が管理する河川のうち、氾濫する恐れのある水位を超えた河川数は、2018年10月末時点で475河川ある。国交省の検討会は今年、現在より約１度上昇すると洪水の発生頻度が約２倍、３度以上上昇すると約４倍になるとのシミュレーションを公表している。　　　　（「デジタル毎日　2019年10月19日」）

○ 生徒の声
　・「今年は同じ地域に連続して台風が通過して大変大きな被害がでたが、今後も同じようなことが起こることもあり得ると思う」
　・「台風や大雨の被害がますます増え、復興にかかる費用や時間、労力が大きくなり経済活動にも大きな影響があると思います」
　・「地球には様々な資源があるが無駄遣いをしないことが大切だと思う」
　・「電気を節約したり、生産性を制限したりしてなるべくエネルギーを消費しない」
　・「河川を整備して水害を防ぐことや下水道を広げたりして水害に備える」

4 授業改善の視点

　新聞記事は数社の新聞を読み比べた上で、授業で活用する内容に最も適したものを選定する。教科横断的学習という視点で扱う新聞記事と、国語の授業内容との関連性を考える。そして、生徒が主体的に言葉を理解し、適切に表現する資質・能力を身に付けることができるような、生徒にとって心に響く内容であることに留意する。なお、本稿では編集の都合上、電子版を掲載したが、授業では紙媒体を用いている。

　また、生徒が自らの考えで記事やテーマを選んで発表し合ったり、自己と他者との考えを比較したりする機会を設定することで、主体的・対話的で深い学びになる。新聞を用いての学習は、世の中に結び付いた学びであるため、「人間、社会、自然など」について生徒たちの考えを広げ、深めて知恵にする様々な展開が期待できる。

［太田純一］

おわりに

　生徒に力を付けたい——教師なら誰でも、そう願って教壇に立っています。

　ですが、教科によって状況は異なり、国語はと言えば、教科書の確認となぞりに陥り、国語の力は学校の授業では身に付いていないのではないかという疑問を突き付けられることさえあります。

　そのような現状を打破すべく、スキルコードは生まれました。難しそうに見えますが、慣れれば授業づくりの見通しが立てやすくなります。自身の授業を振り返って、発問にコードを振ってみてください。教科書の確認となぞりは、全てK1です。学生たちも、指導案を作る際にK1が連続してしまうことに気付き、どうにかしようと工夫改善を始めます。そして、ロードマップの中で、いかに狭い学習に止まっていたかに思い至ります。

　ただし、スキルコードは目的ではありませんから、この発問はどのコードなのかと思い悩む必要はありません。自分なりのコード活用で大いに結構です。どのような力を、どのように身に付けるのかという議論のきっかけになれば、大変幸せです。

　実は、国語のコードは他教科と異なっています。Ｐスキルは、知識を別の場面で活用するものです。ですから、身に付けた国語学力を、別の似た教材で活用するのが本来のＰスキルです。たとえば、植物に関する説明文を学んだら、似たような説明文でその読み方を実践するのが本来のＰの学習ですが、残念ながら我が国の国語の学習はその段階に至ってはいません。そこで現状の国語学習に合わせて、国語のＰは、教材文をメタレベルで学ぶ活動としています。

　でも将来は、若い国語教師の皆さんの力で、本来のＰをぜひ実践してほしいと思います。そのために、今すぐできることがあります。テストの評価問題に、学習した教材文と似たような初見の文章を出題して、身に付けた国語学力を測ることです。そうすれば、授業で学んだことが役に立ったと生徒たちは実感をします。加えて、教師自身が生徒に合った文章を探し、問題を自分で作ることで、教材研究の力が飛躍的に高まります。

　これからの国語の学習が、生徒本位の豊富な教材によって着実に力が付くものになり、生徒たちが国語の授業を毎日楽しみにするようになることを、心から願っています。

秀明大学学校教師学部　富谷利光

中学校新学習指導要領のカリキュラム・マネジメント シリーズ
スキルコードで深める中学校**国語科**の授業モデル

◎シリーズ監修者

| 富谷　利光 | 秀明大学学校教師学部教授
秀明大学学校教師学部附属秀明八千代中学校・高等学校校長 |

◎推薦のことば

| 清原　洋一 | 秀明大学学校教師学部教授
前文部科学省初等中等教育局主任視学官 |

◆第1部執筆者

| 富谷　利光 | 秀明大学学校教師学部教授 |
| 飯田　良 | 秀明大学非常勤講師（前千葉市立椿森中学校長、日本国語教育学会理事） |

◆第2部執筆者

福川　章子	秀明中学校教頭
井上賢一郎	秀明中学校・高等学校教諭
須藤　義一	秀明中学校・高等学校教諭
髙橋　央	秀明中学校・高等学校教諭
辻　永	秀明中学校・高等学校教諭
家谷外進夫	秀明大学学校教師学部附属秀明八千代中学校・高等学校教諭
石川　眞理	秀明大学学校教師学部附属秀明八千代中学校・高等学校教諭
太田　純一	秀明大学学校教師学部附属秀明八千代中学校・高等学校教諭
合田　美留	秀明大学学校教師学部附属秀明八千代中学校・高等学校教諭
関　勇冴	秀明大学学校教師学部附属秀明八千代中学校・高等学校教諭
関野　貴史	秀明大学学校教師学部附属秀明八千代中学校・高等学校教諭
髙木　誠一	秀明大学学校教師学部附属秀明八千代中学校・高等学校教諭
永澤　直樹	秀明大学学校教師学部附属秀明八千代中学校・高等学校教諭
山村　鉄平	秀明大学学校教師学部附属秀明八千代中学校・高等学校教諭
渡部　昭則	秀明大学学校教師学部附属秀明八千代中学校・高等学校教諭

〈編著者紹介〉

富谷利光（とみや・としみつ）

1962（昭和37）年、千葉県生まれ。秀明大学学校教師学部教授。

秀明大学学校教師学部附属秀明八千代中学校・高等学校校長。

東京大学教育学部卒業、現職教員時に千葉大学大学院修了。

千葉県立高等学校国語科教員、千葉県立中学校教員、千葉県総合教育センター指導主事を経て、2013（平成25）年より秀明大学准教授、2015年より秀明大学学校教師学部附属秀明八千代中学校校長、2017年より秀明大学教授、2019年より現職。

千葉県立高等学校スーパーグローバルハイスクール運営指導協議会委員。

主な著書『達成感のある国語表現の授業〜評価規準と単元化でつくる〜』（教育出版）、『中学校各教科の「見方・考え方」を鍛える授業プログラム』（共著、学事出版）など。

中学校新学習指導要領のカリキュラム・マネジメント
スキルコードで深める中学校国語科の授業モデル

2019年12月24日　初版第1刷発行

編著者——富谷利光

発行者——安部英行

発行所——学事出版株式会社

　　　　　〒101-0021　東京都千代田区外神田2－2－3

　　　　　電話 03-3255-5471　FAX 03-3255-0248

ホームページ　http://www.gakuji.co.jp

編集担当：丸山久夫

装丁：精文堂印刷制作室／内炭篤詞

印刷・製本：精文堂印刷株式会社

©Toshimitsu Tomiya　　　　　　　　　　　　　　落丁・乱丁本はお取替えします。

ISBN978-4-7619-2587-1　C3037　Printed in Japan